Werner Laubi

# Geschichten zur Bibel

Band 2

## Elia · Amos · Jesaja

Ein Erzählbuch für Schule, Familie
und Gemeinde

Kaufmann/Patmos

CIP-Titelaufnahme der Deutschen Bibliothek

*Laubi, Werner:*
Geschichten zur Bibel: ein Erzählbuch für Schule, Familie und Gemeinde / Werner Laubi. – Lahr: Kaufmann; Düsseldorf: Patmos.
Früher in den Verl. Kaufmann, Lahr, und Benziger, Zürich, Einsiedeln, Köln

Bd. 2. Elia – Amos – Jesaja. – 3. Aufl. – 1991
ISBN 3-7806-0479-5 (Kaufmann)
ISBN 3-491-80006-4 (Patmos)

Die Verlage Kaufmann und Patmos
sind Mitglieder des *Verlagsring Religionsunterricht (VRU)*

3. Auflage 1991

Hergestellt bei Präzis-Druck, Karlsruhe
ISBN 3-7806-0479-5 (Kaufmann)
ISBN 3-491-80006-4 (Patmos)

# Inhalt

# Vorwort

*Die Phantasie ist wie aller Poesie so auch aller Historie Mutter.*

Theodor Mommsen, Historiker, 1814–1903

Manche haben Angst, biblische Geschichten zu erzählen, weil sie meinen, das Erzählen fördere das passive Konsumieren und verhindere die Kreativität und den Dialog. Ich habe aber in den zwanzig Jahren, in denen ich im Religionsunterricht, in Kinder- und Familiengottesdiensten biblische Geschichten erzähle, die Erfahrung gemacht, daß das Gegenteil zutrifft. Die Fragen und Antworten des Lebens und des Glaubens, die den Menschen in biblischer Zeit bedrängt haben, sind auch unsere Fragen und Antworten. Walter Neidhart sagt, daß man »den Vorgang beim Hören einer guten Geschichte mit dem tiefenpsychologischen Begriff *Identifikation* umschreiben« kann. (Neidhart/Eggenberger, Erzählbuch zur Bibel, Benziger/Kaufmann/TVZ, 1975, Seite 19.) Wer als Erzähler seine Zuhörer beobachtet, sieht am gespannten oder entspannten Ausdruck der Gesichter, an der zustimmenden oder ablehnenden Gebärde, am Erschrecken, am Lachen und Aufatmen, daß der Hörer mitleidet, sich mitfreut und Anteil nimmt am Geschick anderer Menschen. Zuhören ist Aktivität, Kreativität und Dialog. Voraussetzung für eine lebendige biblische Geschichte ist allerdings, daß der Erzähler nicht kühl und distanziert über der Geschichte schwebt, sondern er muß mit seiner Phantasie mitten im Geschehen drin sein. Er muß mit der Isebel vor dem Schminktisch sitzen und sich mit ihr über den nüchternen Jahwekult des Bergvolkes Israel entsetzen. Er muß das Rauschen des Regens hören und die Nässe spüren, in der Elia vom Karmel nach Jesreel eilt. Er muß den Gestank vor dem Misttor in Samaria riechen, wenn er mit Amos durch das Elendsquartier geht. Er muß sich beim Refrain des Weinbergliedes, das Jesaja vorträgt, mitsingen hören. Bevor man eine Geschichte erzählt, braucht man die Andacht für das Kleine. Die Feder des Schreibers, der Siegelring Ahabs, der Streitwagen des Königs, die Abschiedsstunde des Elisa von seinen Eltern – nichts darf zu gering sein, als daß ich es mir nicht vorstellte. Erst wenn ich die Geschichte mir erzählt habe, erzähle ich sie »mit Herzen, Mund und Händen« andern und gerate dabei unverhofft in den »Engelskreis« des Erzählens. Denn wenn die Erzählung den Zuhörern Freude macht, dann macht das Erzählen wiederum mir Freude.

Die Geschichten dieses zweiten Bandes sind, wie diejenigen des ersten (Werner Laubi, »Geschichten zur Bibel«, Saul, David, Salomo, Kauf-

mann/Benziger 1981) in der Praxis entstanden. Ich habe sie in Kinder- und Jugendgottesdiensten, an der Bezirksschule (6.–8. Schuljahr) und auch zum Teil noch den Sechzehnjährigen im Konfirmandenunterricht erzählt, und zwar in meiner Basler Mundart, was man dem Stil des schriftdeutsch Gedruckten bestimmt immer wieder anmerkt. Bei der Auswahl der Geschichten habe ich mich bewußt nicht streng an die üblichen Stoff- und Lehrpläne von Schulen und Kirchen gehalten, sondern die Epoche von der Reichstrennung bis zum Untergang Samarias durcherzählt. Der Benützer des Buches kann sich jedoch auch auf einzelne Erzählkreise (Eliageschichten, Amos oder Jesaja) oder einzelne Geschichten beschränken. Geschichten können auch gekürzt und zusammengefaßt werden. Ich möchte besonders auch darauf hinweisen, daß es sich bei meinen Geschichten nicht einfach um Nacherzählungen, sondern auch um Umweltgeschichten, Rahmengeschichten und Verlaufsgeschichten handelt, wobei die Formen fast immer gemischt sind. Wer Näheres über diese von Walter Neidhart beschriebene Erzählmethoden wissen will, sei auf das oben erwähnte »Erzählbuch zur Bibel« verwiesen.
Wie im ersten Band, sind auch diesmal jeder Erzählung knappe sachliche Erläuterungen vorangestellt, die zum Teil auch theologische Hinweise enthalten. Wer jedoch weiß, wie viele unterschiedliche Ansichten und Meinungen zu fast jedem Abschnitt in der Bibel unter den Gelehrten bestehen, wird Verständnis dafür haben, daß ich weder bei theologischen noch andern Fragen auf Einzelheiten eingehen kann und will. Aus diesem Grund, aber auch weil das Buch für die Praxis bestimmt ist, verzichte ich auf Literaturangaben und Fußnoten. Im Anhang finden sich zu jeder Geschichte Vertiefungs- und Repetitionsvorschläge. Ein Verzeichnis der Namen und Ortschaften, in dem auch die Schreibweise nach den »Loccumer Richtlinien« zu finden ist, soll dem Benützer eine bessere Übersicht über die zahlreichen Namen ermöglichen. Im Unterricht repetiere ich vor und nach der Stunde immer wieder kurz die Namen, bis sie den Schülern geläufig sind. Ebenfalls befindet sich im Anhang noch eine Kartenskizze mit den wichtigsten Orten.
Ich möchte an dieser Stelle ganz besonders Frau Rosemarie Deßecker-Kaufmann vom Verlag Ernst Kaufmann danken, daß sie meine Arbeit an den »Geschichten zur Bibel« bis jetzt mit so viel Umsicht begleitet hat.

Aarau, im Advent 1982 Werner Laubi

# Theologische Überlegungen

*Der wandernde Gott eines wandernden Volkes*

Abraham, Isaak und Jakob waren Nomaden. Sie wanderten von Weideplatz zu Weideplatz, und ihr Gott begleitete sie. Er war nicht Herr über ein bestimmtes Stück Land. Nirgends hatte er einen festen Kultort. Und doch war er allgegenwärtig. Kein Bild gab es von ihm. Und doch erschien er den Seinen und redete mit ihnen. Keine Garantie gab es für die Erfüllung seiner Verheißungen. Und doch wurde der, der ihm vertraute, gerechtfertigt. Es gab auch keine heilige Handlung, in der er als sterbender und auferstehender Vegetationsgott Regen und Wachstum, Fruchtbarkeit und Reichtum garantierte. Und doch war er es, der den Mutterschoß verschloß und öffnete; war er es, der arm und reich machte, der regnen ließ und Gedeihen gab. Selbst als er seinen Namen offenbart hatte – Jahwe: Ich bin, der ich bin – und der Berg Sinai zu seinem Erscheinungsort wurde, blieb er der wandernde Gott eines wandernden Volkes. Er zog vor ihm in einer Wolken- und Feuersäule durch die Wüste (2. Mose 13,21) und offenbarte sich in Donner und Blitz (2. Mose 19,16). Sein Heiligtum war ein tragbarer Kasten: einerseits der Thron für den Allgegenwärtigen, andrerseits der Behälter für die zehn Worte des Bundes. Jahwe sorgte für die Seinen, aber sein Sorgen war immer spontan. Er befreite Israel aus der Knechtschaft, als es schrie. Er gab ihm in der Wüste Wasser, als es durstig, Manna und Wachteln, als es hungrig war. Aber so wenig er Manna auf Vorrat gab, so wenig gab er sich selber auf Vorrat. Über Jahwe konnte der Mensch nicht verfügen.

*Baal für Bauern*

Um 1200 vor Christus wurden die Stämme Israels seßhaft. Aber sie eroberten das Land Kanaan nicht von einem Jahr aufs andere. Noch während vieler Generationen lebten die Kanaanäer und die Israeliten nebeneinander. Die Kanaanäer waren Bauern, und weil die meisten Israeliten auch Bauern wurden, übernahmen sie von ihnen mit der Technik des Säens und des Pflügens – man säte vor dem Pflügen! – auch die Technik, die dem Säen und Pflügen Segen und Gedeihen gab: den Fruchtbarkeitskult und die mit ihm verbundenen Götter. Die beiden bedeutendsten waren Baal und Aschera. Baal hatte ursprünglich als Sohn des Göttervaters El eine untergeordnete Stellung, stieg dann aber zum Hauptgott des Himmels und der Erde auf. In Palästina dominierte er als Vegetationsgott. Aschera war als Muttergöttin der Ursprung alles Lebendigen. Sie symbolisierte (wie Ischtar, Astarte und Anath, mit denen sie sich im Laufe der Zeit vermischte) Liebe und Fruchtbarkeit. Da Baal und Aschera in Israel immer mehr Bedeutung gewannen, wurde Jahwe im Laufe der Zeit zu einem Gott neben andern Göttern.

### *Staatsgott neben Staatsgöttern*

Dazu kam noch etwas anderes. Nach der Landnahme war Israel ein loser Verband einzelner Stämme gewesen, die bei den Bundesfesten an einem der Zentralheiligtümer (Gilgal und Silo) zusammenkamen. Als Israel sich jedoch in der Königszeit zu einem Staat entwickelte, wurde Jahwe Staatsgott. Ihm, dem an keinen Ort Gebundenen, baute Salomo ein Heiligtum in Jerusalem, neben dem und in dem sich mit der Zeit auch andere Gottheiten breit machten. Heiratete nämlich ein König eine ausländische Prinzessin, so war es selbstverständlich, daß sie den Staatsgott ihrer Heimat an den neuen Wohnort mitnahm und hier seinen Kult feierte. So erwähnt 1. Könige 11,1ff, daß schon Salomo für seine vielen ausländischen Frauen Heiligtümer fremder Staatsgötter errichten ließ. Isebel, die Tochter des Königs von Tyrus, brachte den tyrischen Staatsgott Baal-Melkart nach Samaria, und zur Zeit des Königs Josia war der Jahwetempel in Jerusalem auf dem besten Weg, ein Pantheon zu werden, befanden sich in ihm doch eine Ascherastatue, Kultgegenstände für Baal und – beim Eingang des Tempels – ein Bildnis von Pferden zu Ehren des Sonnengottes. So wurde Jahwe ein Staatsgott neben andern Staatsgöttern.

### *Weder Bildnis noch Muttergöttin*

Trotzdem Könige und Priester eiferten, daß der Jahwekult demjenigen anderer Götter an Prachtentfaltung nicht nachstand, war er im Vergleich mit andern Kulten armselig. Denn zweierlei setzte seiner sinnlichen Attraktivität enge Grenzen.
Das eine war das Bilderverbot. Alle andern Völker konnten mit Bildnissen ihrer Gottesverehrung Ausdruck geben. Aber von Jahwe gab es kein Bild; nichts Sichtbares, an das der Glaubende sich halten konnte, es sei denn das, was Jahwe selber in der Schöpfung geschaffen und in der Geschichte vollbracht hatte.
Und das andere war das Gebot: Du sollst keine andern Götter neben mir haben! Jahwe konnte zwar mit einem Vater und auch mit einer Mutter verglichen werden. Aber er *war* nicht Vater. Er hatte keine Söhne und Töchter, und ihm zur Seite stand keine Göttermutter. Darum kannte die Jahwereligion auch keine Heilige Hochzeit, keine Priesterinnen, keine

Tempeldirnen. Tanz, Verzückung und Rausch waren – wenn sie auch am Rand auftauchten – für sie fremde Elemente.
Weil Volk und Priester diese Grundlagen der Jahwereligion allmählich vergaßen, erhoben Propheten ihre Stimme. Ihr grundlegender Auftrag war, dem Volk Israel in Erinnerung zu rufen, daß Jahwe ausschließlicher und souveräner Gott in Israel sei.

*Die Propheten*

Landläufig versteht man unter einem Propheten einen Menschen, der Ereignisse dank außerordentlicher Fähigkeiten voraussagen kann. Meist denkt man dabei an das Vorhersagen von Einzelschicksalen. Dies trifft zwar auch manchmal bei biblischen Propheten zu, doch bleibt es eine Nebenerscheinung. Vielmehr ist der biblische Prophet ein von Gott berufener Bote. Er hat den Auftrag, den Willen Gottes, den er auf vielfältige Weise erfahren kann, an seine Zeitgenossen weiterzugeben und ihren Blick für Gottes Handeln im Ablauf der Geschichte zu schärfen. In diesem Sinn verwende ich in meinen Geschichten den Titel »Prophet« normalerweise auch nur für Gestalten wie Elia, Elisa, Amos und Jesaja, während ich in den andern Fällen von »Sehern« rede.
Priester konnte in Israel nur ein Mann werden, der körperlich und geistig vollkommen gesund war und aus einer bestimmten Familie stammte. Das Prophetenamt war dagegen an keine Voraussetzungen gebunden. Unter den Propheten gab es arme Bauern und Hirten, Söhne aus reichen und angesehenen Familien, auch Frauen. Zum Prophetenamt brauchte es auch keine Schulung oder Weihe. Die Berufung kam manchmal so überraschend, daß der Berufene – wie zum Beispiel Jeremia – erschrak und sich gegen sie wehrte. Von vielen Propheten wissen wir, daß sie für Visionen (»Gesichte«) und Auditionen (Hören von Stimmen und Geräuschen, die andern verborgen bleiben) begabt waren.
Es gab Propheten, die an einem Heiligtum lebten, dort besondere kultische Dienste verrichteten, aber auch in die Politik eingriffen. So erzählt die Bibel vom Propheten Ahia von Silo, der dem Jerobeam das Königtum über Israel voraussagte (1. Könige 11,29 ff). Der Prophet Samuel, der ebenfalls in Silo gewirkt hatte, salbte auf Gottes Geheiß zwei Könige, und Elia bekam den Befehl, Hasael als Nachfolger Benhadads zum König von Damaskus zu salben (1. Könige 19,15).
Dann gab es Propheten, die am Königshof eine feste Anstellung hatten. Obwohl sie vom König besoldet waren, mußten sie ihm auch Gottes Gerichtswort ausrichten, wenn er sich vergangen hatte. Die bekannteste Gestalt ist hier Nathan, der Hofprophet Davids. Wo jedoch vom König oder

andern Mächtigen besoldeten Propheten nicht Gottes, sondern ihres Brotgebers Willen verkündeten, spricht die Bibel von Lügenpropheten (1. Könige 22).
In der Zeit Samuels hören wir zum ersten Mal etwas von Prophetenschülern. Ich werde über diese Bewegung in den Vorbemerkungen zur Erzählung »Der Widerstand« etwas sagen.
Diejenigen Propheten jedoch, die in der Bibel die bedeutendste Rolle spielen, waren alle Einzelgänger und unabhängig. Sie übten einen bürgerlichen Beruf aus oder lebten – wie Jeremia – von ihrem Vermögen.

*Elia und die Schriftpropheten*

Von einer ganzen Anzahl bedeutender Propheten besitzen wir keine eigenen Schriften. So gibt es zum Beispiel von Elia keine Stelle, in der er von sich selber schreibt. Die Nachrichten über sein Wirken und seine Botschaft sind wohl erst nach seinem Leben von Freunden und Anhängern gesammelt und aufgeschrieben und später einem Sammelband – dem Königsbuch – beigefügt worden. Beim Lesen der Eliageschichten fällt auf, wie viele Erzählungen legendäre Züge tragen. Bernhard Duhm hat schon vor zwei Generationen treffend gesagt, daß Elia und Elisa Volkssagen angezogen haben, wie Eisenspäne von einem Magneten angezogen werden. Aber, fährt er fort, diese Sagen und Legenden »sind etwas Wirkliches wie Gras und Halm, aber nicht etwas Historisches, wie Gras und Halm es auch nicht sind. Sie beweisen die gewaltige Wirkung jener Persönlichkeiten auf die Volksseele«. (Bernhard Duhm, Israels Propheten, Tübingen 1916)
Hundert Jahre nach Elia, bei Amos, ist das Legendäre verschwunden, und Botschaft samt Sprache sind anders geworden. Während bei Elia das Schwergewicht im Kampf gegen Baalskult und königliche Willkür lag, werden Amos und seine Nachfolger zu Unheilsverkündern und Kultkritikern. Amos ist auch der erste Prophet, über den wir ein eigenes Buch in der Bibel haben. Trotzdem dürfen wir uns ihn und die andern »Schriftpropheten« nicht als Schriftsteller vorstellen. Sie haben ihre Botschaft, die bei aller persönlichen Verschiedenheit doch bestimmte gemeinsame Grundformen aufweist, mündlich ausgerichtet. Eine dieser Grundformen ist die Einleitung: »So spricht Jahwe!«. Diese Botenformel besagt, daß der Sprechende nicht Urheber, sondern Übermittler einer Botschaft ist. Nach der Botenformel folgt meist die Ankündigung eines bevorstehenden Geschehens, ein Wort des Unheils, der Mahnung oder auch der Hilfe und des Trostes. Hier zeigt es sich, daß der Prophet doch etwas anderes ist als ein gewöhnlicher Bote. Denn in der Formulierung seines Auftrags ist er frei.

Er kann den von Gott empfangenen Spruch mit einer Rede verbinden, er kann ihn zu einem Lied gestalten (wie zum Beispiel das Weinberglied Jesaja 5), er kann es auch dramatisch oder gleichnishaft darstellen (wie zum Beispiel Jeremia, der unter dem Joch durch Jerusalem geht, Jeremia 27). Auch der Ort der Übermittlung steht dem Propheten frei. Normalerweise jedoch haben die Propheten Zeiten und Örtlichkeiten gewählt, an denen viel Volk beisammen war.

# Elia

# Die Begegnung

1. Könige 15,1–22; 2. Chronik 13

*Vorbemerkungen*

Nach der Reichstrennung von 932 v. Chr. regierten in Juda ununterbrochen die Nachkommen Davids. In Israel jedoch wechselten die Dynastien. Die Bibel braucht für das Wort Dynastie »*Haus*« (»Haus Davids«), das aber auch für die Familie des gerade regierenden Königs gebraucht wird (»Haus Ahabs«). Die Jahreszahlen für die *Regierungszeiten* der Könige müssen rekonstruiert werden. Da die Forscher verschiedene Theorien für die Berechnung aufgestellt haben, sind die Zeitangaben je nach Kommentar und Nachschlagewerk verschieden.*
Unter *Rehabeam* herrschte Bruderkrieg zwischen Juda und Israel. Rehabeams Sohn *Abia* besiegte Jerobeam in der Schlacht beim Berg Zamaraim im Gebirge Ephraim und eroberte das Gebiet des Stammes Benjamin und Teile von Ephraim. Wichtige Städte wie Bethel und Jesana unterwarfen sich ihm. Abias Nachfolger *Asa* konnte in einer längeren Zeit des Friedens seine Streitmacht ausbauen und religiöse Reformen durchführen. In dieser Zeit stürzte in Israel *Baesa* die Dynastie Jerobeams. Um 888 v. Chr. unternahm er einen Feldzug gegen Juda, eroberte die Grenzgebiete im Süden zurück und befestigte *Rama*. Asa rief daraufhin den König von Syrien-Damaskus, *Benhadad*, zu Hilfe, mit dem sein Vater Abia ein Bündnis geschlossen hatte und dem er Geschenke aus dem Tempelschatz sandte. Benhadad griff Israel denn auch an und besetzte israelisches Gebiet. Baesa mußte die Festungsarbeiten im Süden einstellen, und Asa kam wieder in den Besitz der Grenzgebiete. *Syrien* und *Aram* sind im Alten Testament Sammelnamen für mehrere Landschaften und Königreiche nördlich von Palästina bis gegen Kleinasien und über den Euphrat hinaus. In unseren Geschichten geht es um das bedeutendste der syrischen Reiche, um Aram-*Damaskus*, das David unterworfen hatte. Damaskus fiel dann unter Salomo von Israel ab. Zur Zeit der Dynastie Omris wurde Damaskus Großmacht. Hasael, ein hoher Beamter, der Benhadad mit einer Decke erstickte und sich zum König machte (2. Könige 8,15), nahm Israel während der Regierungszeit Jehus und seines Sohnes Joahas große Gebiete im Ostjordanland ab, die jedoch Jerobeam II. zum Teil wieder zurückeroberte (siehe dazu die Vorbemerkungen zur Erzählung »Das Unrecht«). Damit Syrien nicht mit der später auftretenden Großmacht Assyrien verwechselt wird, rede ich in den Erzählungen ausschließlich von Damaskus.

---

* Eine Liste der Könige samt den wichtigsten Ereignissen von der Reichstrennung bis zum Fall Samarias findet sich im Anhang dieses Buches (Seite 148/149)

In der Erzählung »Die Begegnung« versuche ich, die politischen Ereignisse dieser Jahre in zwei Szenen zusammenzufassen und gleichzeitig die Hauptpersonen des folgenden Geschehens vorzustellen.
*Omri* war Feldhauptmann in der Armee Baesas. Da sein Name im Hebräischen keine rechte Ableitung findet, ist schon angenommen worden, daß er ein fremder Söldner war.
*Simri* diente ebenfalls als hoher Militär (»Oberster über die Hälfte der Streitwagen« 1. Könige 16,9) unter Baesa. Er hatte im Heer keinen großen Anhang. Seine spätere Palastrevolution scheiterte, weil die Armee zu Omri hielt.
*Obadja* (»Knecht Jahwes«) wird in der Bibel erst später als Hofmeister (Oberster der königlichen Leibwache oder Palastvorsteher mit Schlüsselgewalt) erwähnt (1. Könige 18,3 ff). Ich stelle mir vor, daß er als hoher Beamter am Hof Ahabs schon vorher gute Beziehungen zu Omris Familie hatte und im Heer diente.
*Elia* (»Mein Gott ist Jahwe«) stammte aus Thisbe, das vielleicht im Stamm Naphtali in Galiläa lag. In diesem ostjordanischen Gebiet, das kein alter Kulturboden, sondern israelitisches Kolonialland war, hat sich der Jahweglaube reiner erhalten als im Westen, wo sich die Bevölkerung unbefangener dem Baalskult öffnete. Elia trug nach 2. Könige 1,8 ein zottiges Fell und einen ledernen Gürtel um die Lenden. Ein Mantel wird 1. Könige 19,19 und 2. Könige 2,8 erwähnt. Anscheinend hatte Elia keinen festen Wohnsitz, sondern zog im Land umher, tauchte unvermutet auf und verschwand wieder. Er gehörte wohl nicht zu den Gruppen ekstatischer Prophetenjünger, traf sich aber gelegentlich mit ihnen. In meinen Erzählungen stütze ich mich auf die Annahme, daß Elia zu den Rechabiten gehörte oder Verbindung zu ihnen hatte.
*Jonadabs* Vater Rechab entstammte dem Geschlecht der Keniter, das mit Moses verschwägert war (Richter 1,16) und zu Israel freundschaftliche Beziehungen hatte. Rechab und seine Nachkommen waren besonders eifrige Jahweverehrer. Sie sahen im Seßhaftwerden des Volkes Israel, im Akkerbau und dem damit verbundenen kanaanitischen Baalskult einen Verrat am Nomadengott Jahwe. So verpflichteten sich Jonadab und seine Nachkommen, die *Rechabiten*, fünf Grundsätze einzuhalten: Keinen Wein zu trinken, kein Haus zu bauen, keine Saat zu säen, keinen Weinberg zu pflanzen noch zu besitzen, in Zelten zu wohnen (Jeremia 35,1–11). Jonadab spielte eine wohl nicht unbedeutende Rolle im Aufstand Jehus gegen die Dynastie der Omriden und in der Ausrottung des Baalsdienstes. Ich stelle mir vor, daß die Rechabiten auch Elia in seinem Kampf gegen den Kult des tyrischen Baal unterstützten. Jonadabs Sohn *Habazinja* wird in Jeremia 35,3 erwähnt.

Daß *Ela*, der Sohn Königs Baesas, lieber dem Weingenuß frönte als sich um Regierungsgeschäfte zu kümmern, entnehme ich 1. Könige 16,9.

*Erzählung*

Simri + Omri verlassen Rama. Die Judäer kom
Elia sagt nur Jahwe ist wichtig.

»Neunzehn, zwanzig, einundzwanzig!«
Simri und Omri lehnen über die steinerne Brüstung des Eckturms. Der Turm gehört zur Mauer der Festung Rama. Rama ist die südlichste Grenzstadt des Reiches Israel.
»Zweiundzwanzig, dreiundzwanzig, vierundzwanzig!«
Simri zählt die Zelte, die auf dem Hügel gegenüber dem Turm stehen. Judäische Soldaten haben die Zelte in der Nacht aufgeschlagen. Hinter den Zelten liegt die Hügellandschaft von Juda.
»Fünfundzwanzig, sechsundzwanzig, siebenundzwanzig!« zählt Simri. »Siebenundzwanzig Zelte! Das sind nur etwa dreihundert Soldaten. Die Judäer greifen uns nicht an!«
Simri ist Befehlshaber über die Hälfte aller Streitwagen des Königs Baesa von Israel. Simri ist klein. Die Turmwächter haben ihm einen Schemel hinstellen müssen, damit er über die Brüstung schauen kann. Aber Simri ist zäh und wendig. Kein feindlicher Pfeil kann ihn treffen.
»Du siehst nur die Zelte vor dem Hügel«, sagt Omri. »Aber du siehst nicht hinter den Hügel. Dort können sich noch Hunderte von Judäern verstekken. Und wenn sie von Westen her angreifen, können wir Rama nicht halten. Dort ist die Festungsmauer noch nicht fertig gebaut.«
Omri ist groß und breit. Er ist zwei Köpfe größer als Simri. Er hat die Haare ganz kurz geschnitten und den Bart abrasiert. Omri ist ein hoher Offizier im Heer des Königs Baesa. Er ist Anführer über tausend Soldaten.
»Und wenn es zehntausend Judäer sind!« sagt Simri und zappelt auf seinem Schemel hin und her, »ich greife sie und ihren König Asa trotzdem an. Mit allen dreiundvierzig Streitwagen, die ich in Rama habe. Und bevor sie zweimal geschluckt haben, habe ich sie alle über den Haufen gefahren.«
»Über den Haufen fahren« ist Simris Lieblingssatz. Im Kampf feuert er immer von seinem Streitwagen herab die Soldaten an. »Zeigt's ihnen!« schreit er. »Fahrt sie alle über den Haufen!« Als sie den Judäern Rama weggenommen hatten, war Simri auf dem Marktplatz beim Stadttor wie ein Affe auf einen Baum geklettert und hatte gerufen: »Ich habe Rama eingenommen! Ich habe sie alle über den Haufen gefahren.«
Die Soldaten lieben Simri nicht. Sie nennen ihn den »Überdenhaufenfahrer«.

Jetzt springt Simri vom Schemel hinunter.
»Wir haben den Judäern Rama weggenommen!« sagt er. »Und dann haben wir angefangen, Rama zu einer Festung auszubauen. Schon steht die Südmauer. Und die Ostmauer. Und ein Teil der Nordmauer. In Rama gibt es viele Streitwagen, Pferde, Soldaten, Speere, Pfeilbogen und Schleudern. Aber die Pferde stehen seit Monaten in den Ställen. Die Soldaten faulenzen herum, spielen den ganzen Tag mit den Würfeln und betrinken sich in den Schenken. Dabei ...«, Simri steigt wieder auf seinen Schemel und zeigt mit dem Finger nach Süden, »... dabei liegt gerade hinter diesen Hügeln Jerusalem, die Hauptstadt von Juda. Meine Soldaten könnten in ein paar Stunden dort sein. Warum fahren wir eigentlich Jerusalem nicht über den Haufen?«
Simri dreht sich um und zeigt mit dem Finger in die entgegengesetzte Richtung: nach Norden, dorthin, wo weit weg Thirza, die Hauptstadt des Reiches Israel, liegt.
»Ich will dir sagen warum, Omri!« sagt Simri. »Weil unser König Baesa zu alt ist! Weil er den ganzen Tag auf seinem Thron in Thirza sitzt und sich von seiner Lieblingsfrau die Glatze massieren läßt. Und weil sein ältester Sohn, der Erbprinz Ela, ein Säufer ist. Jede Nacht zecht er mit dem Palastvorsteher bis in den Morgen hinein. Dann schwankt er in sein Bett, schnarcht wie ein Kamel und erwacht erst, wenn die Sonne schon hoch am Himmel steht.«
Omri gibt Simri keine Antwort. Er schaut nach Norden. In der Ferne wirbelt auf der Straße, die von der Hauptstadt Thirza kommt, Staub auf.
»Wenn ich König von Israel wäre«, sagt Simri, »dann hätten wir Jerusalem längst über den Haufen gefahren. Dann würde Juda jetzt zu Israel gehören. Und das ganze Königshaus Davids würde es nicht mehr geben.«
Die Staubwolke auf der Nordstraße ist näher gekommen. Zwei Reiter nähern sich Rama.
»Der Simri ist ein Aufschneider«, denkt Omri. »Er wäre gerne König über Israel. Aber das Volk haßt ihn. Immer redet er vom Krieg: Jerusalem erobern! Juda über den Haufen fahren! Damaskus einnehmen! Die Philister besiegen. Und dann ein großes Reich gründen. Ein Reich, so groß wie König David es gehabt hat. Aber Simri ist nicht David! Simri ist ehrgeizig. Und sein Ehrgeiz macht ihn blind.«
Im Hof unten reiten die Pferde ein, die Omri auf der Nordstraße gesehen hat. Soldaten rufen einander Worte zu.
»Asa von Juda läßt sich nicht so leicht über den Haufen rennen«, sagt Omri laut. »Asa ist klüger als du denkst. Eines Tages wird er...«

Omri kann den Satz nicht beenden. Zwei junge Männer stürmen die Turmtreppe herauf. Sie tragen Soldatenkleidung. Ihre Mäntel sind staubig. Ihre Gesichter sind naß vom Schweiß. Einer ist breit und groß. Er hat ein rundes Gesicht und rote Haare. Der andere ist mager und blond. Der Rothaarige eilt auf Omri zu.
»Vater!« ruft er. »Wir haben eine...«
»Ich bin jetzt nicht dein Vater, Ahab!« sagt Omri. »Melde dich an, wie es sich für einen Soldaten gehört!«
Ahab wird rot im Gesicht. Er und sein Begleiter Obadja stellen sich vor Omri auf.
»Omri, Anführer über Tausend!« ruft Ahab. »Die beiden Boten des Königs Baesa, Ahab und Obadja, überbringen dir eine Botschaft.«
Ohne sich zu rühren, stehen Ahab und Obadja da. Obadja ist der Sohn eines hohen Beamten am Hof des Königs. Ahab und Obadja sind miteinander aufgewachsen. Miteinander haben sie gelernt, was ein Soldat und ein Offizier wissen und können muß: Speerschießen, Bogenschießen, Wagenlenken, Festungsbau.
»Wie lautet die Botschaft?« fragt Omri.
»So spricht der König Baesa!« ruft Ahab. »Der König Asa von Juda hat dem König Benhadad von Damaskus Gold und Silber aus seinem Palast und aus dem Tempel in Jerusalem geschickt. Der König Asa hat zum König Benhadad gesagt: Greif Israel an! Zerstöre seine Städte an der Nordgrenze! Dann überfalle ich Israel an der Südgrenze und nehme dem König Baesa alle Städte wieder weg, die er mir gestohlen hat. Der König Benhadad hat gemacht, was der König Asa gewollt hat. Gestern haben seine Soldaten die Dörfer und Städte an der Nordgrenze Israels überfallen. Sie haben die Häuser geplündert und angezündet. Männer, Frauen und Kinder sind auf der Flucht. Darum befiehlt der König Baesa: Der Überdenhaufenfahrer...«
Obadja gibt Ahab einen Stoß mit dem Ellbogen. Erst jetzt sieht Ahab den Simri auf dem Schemel. Ahab wird wieder feuerrot im Gesicht.
»Der... der... der...« stottert er. »Der Befehlshaber über die Hälfte aller Streitwagen, Simri, soll mit seinen Wagen sofort an die Nordgrenze von Israel fahren. Alle Soldaten müssen Rama räumen und auch nach Norden gehen, um die Truppen Benhadads zurückzuwerfen. Den Oberbefehl hat Omri, der Anführer über Tausend!«
Omri schaut Simri an. »Was hab ich vorher gesagt? Asa ist schlau!«
Simri ist zornig. Er ist wütend, daß ihn Ahab »Überdenhaufenfahrer« genannt hat und neidisch, daß Omri den Oberbefehl hat.
»Wenn ich König wäre«, ruft er und stampft auf den Schemel, »dann würde ich alle über den Haufen fahren.«

Omri wendet sich an Ahab.
»Befiehl den Anführern und den Soldaten, sich bereitzumachen! Rama wird sofort geräumt! Simri reitet voraus! Die Soldaten gehen im Eilmarsch an die Nordgrenze! Ich verlasse heute nacht als letzter Rama. Du, Ahab, und du, Obadja, ihr begleitet mich!«
Wenige Stunden später marschieren die Soldaten ab, und als der Mond aufgeht, machen Ahab und Obadja zwei Streitwagen bereit. Ahab holt die Pferde aus dem Stall. Obadja legt ihnen das Joch über die Mähnen und macht es an den Halsgurten fest. Dann befestigt er die Deichsel in der Mitte des Jochs. Ahab legt den Pferden die Trensen (Gebißstangen) ins Maul. Die Trensen sind aus Bronze. An ihren Enden haben sie Ösen. Obadja macht die Zügel an den Ösen fest.
Die Pferde sind unruhig. Sie scharren mit den Hufen im sandigen Boden. Jetzt steigen Ahab und Obadja durch die hintere Öffnung auf ihren Streitwagen. Die Plattform des Wagens ist halbrund. Die Brüstung besteht aus Holz, das vorne mit Metallplatten gepanzert ist. Auch Omri steigt auf seinen Wagen. Er gibt das Zeichen zum Aufbruch. Omri fährt voraus, durch die Stadt Rama. Kein Soldat ist mehr in der Stadt. Die Häuser sind dunkel. Aber die Menschen schlafen nicht.
»Die israelischen Soldaten ziehen ab«, denken sie. »Und morgen kommen die judäischen Soldaten. Heute gehören wir noch zu Israel. Aber wenn die Sonne aufgeht, gehören wir wieder zu Juda.«
Auf der menschenleeren Straße wühlt ein Rudel wilder Hunde in den Abfällen. Als die Streitwagen kommen, nehmen sie Reißaus.
Wenig später verlassen Omri und seine Begleiter Rama durch das Nordtor.

*

Es ist nicht leicht, in der Nacht einen Streitwagen zu fahren. Breitbeinig stehen Ahab und Obadja auf der schmalen Plattform. Ahab hält die Zügel mit beiden Händen. Angestrengt schaut er auf den holprigen Weg. Er weicht den Löchern und den Steinen aus, so gut es geht.
Sie fahren über das Gebirge Ephraim nach Norden. Sie kommen am Heiligtum Bethel vorbei, wo einst der Erzvater Jakob von der Himmelsleiter geträumt hatte. Sie kommen auch am Heiligtum Silo vorbei.
»Hier ist vor über hundert Jahren der Prophet Samuel aufgewachsen«, sagt Obadja zu Ahab. »Beim Priester Eli. Später hat Samuel den Saul und dann den David zu Königen gesalbt.«
Obadja kennt die Geschichte seines Volkes. Sein Vater hat sie ihm erzählt. Ahab kennt viele Geschichten nicht. Sein Vater war nicht in Israel aufgewachsen. Er war als Söldner nach Thirza gekommen.

Bei der Stadt Sichem kreuzen sich vier Straßen. Eine Straße kommt vom Westen. Von dort, wo das Meer liegt. Eine andere Straße kommt vom Norden, vom See Genezareth. Omri schlägt den Weg nach Osten ein. Steil geht es ins Jordantal hinunter.
Als die Sonne aufgeht, überqueren sie an einer Furt den Jordan. Schnell wird es heiß. Der Tau auf dem dürren Gras längs der Straße verdunstet. Jetzt kommen ihnen die ersten Flüchtlinge entgegen. In Bündeln schleppen sie ihre Habseligkeiten mit sich. Ihre Gesichter sind bleich. Auf einem Esel sitzt eine Frau. Sie hält ein schlafendes Kind im Arm. Ein alter Mann humpelt an einem Stock vorbei. Auf einem Stein am Wegrand sitzt ein Mädchen. Es weint. Es sucht seine Eltern.
Neben der Straße haben Nomaden ihre Zelte aufgeschlagen. Sie geben den Flüchtlingen Brot. Kinder trinken Milch aus einer Tonschale.
Omri und Ahab lenken ihre Wagen zu den Nomadenzelten. Sie steigen ab. Die Pferde knabbern am dürren Gras. Vor einem der Zelte sitzt ein Nomade. Er hat ein schmales Gesicht und dunkle Augen. Seine Haut ist braungebrannt von der Sonne. Seine Nase ist gebogen wie der Schnabel eines Adlers.
»He, Adlernase!« ruft Ahab.
»Ich heiße Jonadab, Sohn des Rechab«, sagt der Nomade.
»Meinetwegen!« sagt Ahab. »Adlernase oder Jonadab, Sohn des Rechab: Bring den Pferden Wasser!«
Jonadab rührt sich nicht.
»Hinter den Zelten ist ein Brunnen«, sagt er. »Dort könnt ihr Wasser schöpfen.«
Ahabs Augen funkeln zornig. »Wir sind ein Offizier und zwei Soldaten des Königs Baesa von Israel!« ruft er. »Wenn wir befehlen, hast du zu gehorchen!«
»Habazinja!« ruft Jonadab.
Ein Knabe kommt aus dem Zelt.
»Führ die Pferde zum Brunnen!« sagt Jonadab. »Und gib ihnen zu trinken!«
»Und uns kannst du einen Becher Wein bringen!« befiehlt Omri.
»Wir haben keinen Wein«, sagt Jonadab. »Niemand von uns trinkt Wein.«
Omri starrt den Nomaden an.
»Warum habt ihr keinen Wein?« fragt er. »Und warum trinkt ihr keinen Wein?«
»Mein Vater Rechab«, sagt Jonadab, »hat zu mir gesagt: Der Wein macht aus den Menschen Narren. In der Steppe trinkt man keinen Wein. Nur die Menschen in den Dörfern und Städten trinken Wein.«

Omri schüttelt den Kopf. »Hast du auch etwas gegen Dörfer und Städte?« fragt er.
»Unsere Väter haben in der Steppe gelebt«, sagt Jonadab. »Als Nomaden. Gesund. Nüchtern. Einfach. In den Städten und Dörfern aber ist Verschwendung, Schmutz und Luxus. Mein Vater hat auch in einem Dorf gewohnt. Aber dann ist er mit seiner Familie wieder in die Steppe gezogen. Wir haben Zelte gemacht. Und andere sind mit uns gekommen. Als ich ein Mann war, habe ich vor meinem Vater und vor Gott ein Versprechen getan. Ich habe gesagt: Wir trinken keinen Wein. Wir pflanzen keinen Weinberg. Wir bauen kein Haus. Wir säen keine Saat. In Zelten wollen wir wohnen unser Leben lang. Wir und unsere Frauen, unsere Söhne und unsere Töchter.«
Ahab schüttelt den Kopf. »Ich glaube, die Adlernase spinnt«, sagt er leise zu Obadja.
»Jonadab spinnt nicht!«
Eine schneidende Stimme kommt vom Baum her, der neben den Zelten steht. Unter dem Baum steht eine Gestalt. Niemand hat sie kommen sehen. Niemand hat sie gehört. Es ist ein junger Mann, nicht älter als Ahab. Er hat langes schwarzes Haar und einen Bart. Ein zottiges Kamelfell ist sein Kleid. Über dem Fell trägt er einen hellen Wollmantel. Der Mantel besteht aus zwei Tüchern, die oben zusammengenäht sind und einen Durchschlupf für den Kopf haben.
»Jonadab spinnt nicht!« sagt der Mann noch einmal. Ahab weicht einen Schritt zurück. Die Augen des Mannes sind auf ihn gerichtet, als wollten sie ihn durchbohren.
»Schau dir doch das Elend dort unten an!« sagt der Mann zu Ahab und zeigt auf die Straße. »Die Flüchtlinge! Die Kinder, die vor Hunger weinen! Die alten Frauen und Männer! Verjagt von fremden Soldaten! Und warum? Weil jeder König dem andern die Städte und Dörfer wegnimmt. Weil sie immer mehr und mehr besitzen und reicher und reicher werden wollen. Aber die Nomaden nehmen einander nichts weg. Sie leben von dem, was Gott ihnen gibt. Als die Israeliten noch Nomaden gewesen sind, da haben sie auf Gott vertraut. Aber jetzt haben sie Gottes Weg verlassen. Am Morgen beten die Bauern zum Gott Jahwe. Am Mittag beten sie zum Gott Baal. Und am Abend hüpfen sie um den Altar der Göttin Aschera. Aber solange Gott Jahwe nicht der einzige Herr in Israel ist, werden Kriege und Not nicht aufhören.«
Von der Steppe her weht ein heißer Wind. Hoch in der Luft schreit ein Geier. Die Männer schauen hinauf. Als sie wieder zum Busch blicken, ist der unheimliche Mann verschwunden.
»Wer ist das gewesen?« fragt Ahab erschrocken.

»Elia. Aus Thisbe im Ostjordanland«, sagt Jonadab. »Sein Name bedeutet: Mein Gott ist Jahwe.«
»Was tut er?«
»Er bringt den Menschen Botschaften von Jahwe. Er sagt ihnen, was Jahwes Wille ist. Er ist ein Prophet.«
»Wo ist er hin?« will Ahab wissen.
»Er kommt und geht, wie er will«, antwortet Jonadab. »Manchmal bleibt er eine Stunde bei uns. Manchmal einen Monat. Manchmal einen Augenblick.«
Von der Tränke kommt Habazinja mit den Pferden. Er bringt Wasser und Brot.
Die Soldaten essen und trinken. Dann fahren sie weiter. Ahab lenkt den Wagen. Er denkt an Elia.
»Elia ist genauso ein Spinner wie Jonadab«, sagt er.
Aber das, was Elia gesagt hat, kann er nicht vergessen.
»Solange Gott Jahwe nicht der einzige Herr in Israel ist«, hatte Elia gesagt, »solange werden auch Kriege und Not nicht aufhören.«

## Samaria

1. Könige 16,8–24

*Vorbemerkungen*

*Gibbethon* lag wahrscheinlich etwa vier Kilometer östlich der Philisterstadt Ekron. Israel hatte dort wiederholte Grenzkämpfe mit den Philistern. Während Omri die Stadt belagerte, zettelte Simri in Thirza eine Verschwörung an, ermordete Ela und machte sich zum König über Israel. Aber Simri hatte nur einen geringen Anhang. Das Heer rief Omri zum König aus, während ein Teil des Volkes *Thibni* als Gegenkönig aufstellte. Der Kampf zwischen Omri und Thibni um den Thron dauerte fünf Jahre. Dann starb Thibni, und Omri behauptete sich als alleiniger Herrscher. In der Erzählung lasse ich die Thronstreitigkeiten zwischen Omri und Thibni weg.
Während im Südreich Jerusalem ununterbrochen Hauptstadt blieb, wechselten die Residenzen im Nordreich. Jerobeam regierte zuerst in Sichem und später in *Thirza* (»Anmut«), das wahrscheinlich elf Kilometer nordöstlich von Sichem lag. Die Verlegung der Hauptstadt nach *Samaria* unter Omri eröffnete bessere Kontaktmöglichkeiten mit den phönizischen Hafenstädten. Omri erbaute Samaria (»Warte«, »Wartberg« ?; 1. Könige

16,24 leitet den Namen vom ehemaligen Besitzer des Landes, Semer, ab) auf einem Hügel, der den westlichen Zugang zum Gebirge Ephraim beherrschte. Ausgrabungen legten Teile einer ummauerten Residenz mit einem Palast aus der Königszeit frei. Dazu gehörten 1,6 Meter dicke Schalenmauern aus der Zeit Omris, 9,8 Meter dicke Kasemattenmauern aus der Zeit Ahabs, mehrere Gebäude und ein Wasserbecken (»Teich von Samaria«) in der Größe von 5,2 Meter auf 10,3 Meter. Ebenfalls fand man Elfenbeinvertäfelungen und üppig verzierte Möbel, die auf einen Zusammenhang mit phönizischer Kunst hinweisen. Die eigentliche Stadt lag außerhalb dieser ummauerten Residenz und war ihrerseits mit einer Stadtmauer umgeben. Aufgrund der Ausgrabungen rechnet man mit einer Stadtfläche von sieben bis zehn Hektar, auf denen – und hier schwanken die Schätzungen stark – zwischen unter 2000 und über 7000 Menschen lebten. 722 wurde Samaria von Salmanassar IV. von Assyrien belagert und nach dessen Tod durch Sargon erobert. Sargon rühmte sich, aus Samaria mehr als 2700 Menschen deportiert zu haben. Die Stadt wurde mit Kolonisten besiedelt, die zu den eigenen Bevölkerungsresten hinzukamen. In der Römerzeit wurde die Stadt der Provinz Syrien zugeteilt und erhielt den Namen Gabinia oder Gabiniopolis. Augustus schenkte sie Herodes dem Großen, der sie dem Kaiser zu Ehren Sebaste (Augusta) nannte. Eine kleine arabische Siedlung im Osten des Tells, wo Samaria lag, bewahrt mit dem Namen Sebastye die Erinnerung an die ehemalige Stadt.
Der Preis, den Omri dem Semer für den »Berg Samaria« zu entrichten hatte, wird mit *zwei Talenten Silber* (87 kg) angegeben. Das niederste Silbergewicht war das Lot (14,5 g). Fünfzig Lot ergaben eine Mine (725 g), und sechzig Minen ein Talent (43,5 kg). Der Wert des Geldes war damals – wie heute – nach Zeit und Umständen verschieden. Als in Samaria Hungersnot war, kostete ein Eselskopf 80 Lot Silber (1160 g); nach dem Abzug der Feinde bekam man einen Scheffel (12 Liter) Weißmehl um ein Lot Silber. Joseph wurde von seinen Brüdern um 20 Lot (290 g) Silber verkauft, und Abraham erwarb das Grundstück für sein Familiengrab um vierhundert Lot (5,8 kg) Silber.
Über den *Palast in Jesreel* siehe die Vorbemerkungen zur Erzählung »Elia und Ahab«!

*Erzählung*

Simri tötet Ela. Omri wird König. Sein Sohn heißt Ahab. Er wird Isebel heiraten. Samaria wird Hauptstadt

Jahre sind vergangen, seit Omri und Ahab gegen Benhadad von Damaskus in den Krieg gezogen sind. König Baesa ist gestorben. Sein Sohn Ela ist jetzt König über Israel.
»Die Philister haben uns die Grenzstadt Gibbethon weggenommen«,

sagt König Ela zu Omri. »Erobere die Stadt zurück und vertreib die Philister!«
Aber Omri kann Gibbethon nicht einnehmen. Gibbethon hat eine hohe Stadtmauer, und die Stadttore sind fest geschlossen. Wenn die israelischen Soldaten zu nahe kommen, schleudern die Philister Pfeile und Steine von der Mauer.
»Wir belagern die Stadt!« befiehlt Omri.
Die Soldaten schlagen ihre Zelte auf. Sie bauen aus den Ästen von Sträuchern und Bäumen Hütten.
»In ein paar Wochen haben die Philister nichts mehr zu essen«, sagt Omri zu Ahab. »Dann machen sie ihre Tore von alleine auf.«
Ahab ist nicht mehr Soldat. Er ist Offizier geworden. Er ist Anführer über Hundert.
Auch Obadja ist Offizier. Aber er führt keine Soldaten. Obadja kann lesen und schreiben. Er kennt das Buch der Gesetze. Er kennt auch die Geschichte seines Volkes wie kein anderer. Darum ist Obadja jetzt der Ratgeber Omris.
Schon vier Wochen belagert Omri die Stadt Gibbethon. Da kommt an einem frühen Morgen ein Mann auf einem Maultier geritten. Beim Zelt Omris bricht das Maultier vor Erschöpfung zusammen. Der Mann taumelt ins Zelt.
»Ich komme von Thirza«, stammelt er. »In Thirza ist etwas Schreckliches passiert!«
Das Gesicht des Mannes ist kreideweiß.
»Gebt ihm Wasser!« befiehlt Omri.
Der Mann trinkt gierig. Er leert Wasser über sein Gesicht.
»Ich bin ein Diener des Königs Ela«, sagt er. »Gestern abend habe ich den König beim Essen bedient. Da hat es auf einmal im Hof einen Riesenlärm gegeben. Offiziere sind angeritten gekommen. Soldaten haben gerufen. Waffen haben geklirrt. Und dann ist die Türe zum Eßzimmer aufgeflogen. Der Überdenhaufenfahrer ist hereingestürmt, und mit ihm Offiziere und Soldaten. Simri hat sich auf den König Ela gestürzt und gerufen: Jetzt bin ich König über Israel! Ich habe dem König helfen wollen. Aber es ist schon zu spät gewesen. Diener und Dienerinnen, Knechte und Mägde sind schreiend durch den Palast gerannt und haben gerufen: Simri hat den Ela erschlagen! Ein paar haben flüchten wollen. Aber alle Türen und Tore sind durch die Soldaten des Simri besetzt gewesen.«
Der Bote nimmt noch einen Schluck Wasser aus dem Krug.
»Aber ich habe einen geheimen Ausgang aus dem Palast gekannt«, sagt er. »Ein Freund hat mir sein Maultier gegeben.«
»Geh zum Koch!« sagt Omri zum Mann. »Er soll dir Brot und Suppe ge-

ben. Es ist gut, daß du mir die Verschwörung des Simri gemeldet hast.«
Mit Windeseile geht die Nachricht bei den Soldaten von Mund zu Mund.
Bald weiß es das ganze Lager.
Da sammeln sich vor dem Zelt des Omri die Soldaten.
»Wir wollen den Überdenhaufenfahrer nicht als König!« rufen sie. »Wir wollen Omri als König! Omri ist König über Israel!«
Omri kommt aus dem Zelt.
»Simri hat die Hauptstadt in seiner Hand«, sagt er. »Er hat Streitwagen, Waffen, Zeughäuser und Vorratskammern. Was habe ich?«
»Du hast tapfere Soldaten, Omri!« ruft einer. »Wir sind Fußsoldaten. Wir sind viel tapferer als die Streitwägeler des Simri!«
»Gut«, sagt Omri. »Dann belagern wir Thirza. Noch heute nacht!«
In wenigen Stunden ist das Lager abgebrochen. Als Omri mit seinen Soldaten abzieht, jubeln die Philister auf den Stadtmauern.
Spät in der Nacht kommen sie in Thirza an und belagern die Hauptstadt.
Die Soldaten fällen Bäume. Sie legen sie quer über die Straßen, die zu den Stadttoren führen. Dann schütten sie Wälle auf.
»Jetzt nützen dem Überdenhaufenfahrer seine Streitwagen nichts mehr«, sagt Omri. »Ohne Straßen sind die Wagen wertlos.«
Am fünften Tag gelingt es einem Trupp Soldaten, eines der Stadttore mit einem Rammblock zu sprengen. Sie überwältigen die Torwache und öffnen die andern Stadttore. Omri stürmt mit ein paar Soldaten durch die Gassen von Thirza zum Palast hinauf.
Im Hof des Palastes steht Simri.
»Ich fahre ihnen entgegen«, ruft er. »Ich fahre sie alle über den Haufen.«
»Es hat keinen Zweck«, ruft ein Offizier. »Sie sind schon in der Stadt. In den Gassen nützen uns die Streitwagen nichts.«
»Dann kämpfen wir zu Fuß!« schreit Simri. »Ruf alle Soldaten zusammen.«
»Es sind keine Soldaten mehr da«, sagt der Offizier. »Nur noch die Palastwache. Die andern sind zu Omri übergelaufen.«
»Verräter!« schreit Simri. »Sie haben mich im Stich gelassen. Ich bin verloren. Aber den Palast bekommen sie nicht!«
Simri rennt in den Palast. Er geht in die Küche. An der Wand steht ein Krug. Der Krug ist gefüllt mit Öl. Simri schleppt den Krug in das Regierungszimmer. Mit seiner ganzen Kraft stemmt er ihn in die Höhe und läßt ihn fallen. Der Krug zerbirst. Das Öl läuft über den Fußboden.
An der Wand brennt eine Fackel. Simri reißt die Fackel aus dem Halter und wirft sie in die Öllache. Eine Flamme schießt in die Höhe. Wenig später ertönt von der Burg neben dem Palast ein Trompetenstoß.
»Feuer!« ruft der Turmwächter. »Feuer!«

Aus den Fenstern des Palastes qualmen schwarze Rauchwolken. Schreiend drängen sich Diener, Mägde und Beamte aus dem Palast. Ein Schreiber rettet ein paar Buchrollen vor dem Feuer. Der Koch schleppt Körbe voll Brot und Gemüse aus der Küche. Scheu gewordene Pferde rasen über den Hof.
Von der Stadt her kommt Omri mit einem Trupp Soldaten zum Palast. »Alle, die zum Palast gehören, zu mir!« befiehlt er. »Füllt alle Krüge, die ihr findet, am Brunnen mit Wasser! Versucht, das Feuer zu löschen.«
Aber die Flammen haben schon auf die Burg übergegriffen. Über der Stadt Thirza liegt eine schwarze Rauchwolke. Mauern stürzen krachend zusammen. Die Bewohner werfen das Wasser auf die Häuser, die in der Nähe des Palastes stehen, damit sie von der Hitze und den Funken nicht auch in Brand geraten.
Zwei Tage später sind der Palast und die Burg ausgebrannt. Simri ist im Feuer umgekommen. Nur sieben Tage ist er König über Israel gewesen. Noch am gleichen Tag wird Omri zum König gesalbt.
Zuerst wohnt er in seinem eigenen Haus in der Nähe des Palastes. Dann läßt er den Palast wieder instandsetzen und befiehlt Ahab, Obadja und alle seine Minister und Offiziere in die Thronhalle. Neben dem Thron halten zwei Sklaven ein großes Brett.
Omri steht vom Thron auf. In der Hand hält er ein Stück Kreide. Er geht zum Brett und zieht mit der Kreide einen Strich von oben bis unten.
»Auf dieser Seite liegt das Land«, sagt Omri und legt seine Hand auf die rechte Seite vom Strich. »Und hier liegt das Meer!«
Omri legt seine Hand auf die linke Seite vom Strich.
»Dort unten liegt Ägypten!«
Omri deutet mit dem Finger auf das untere linke Ende des Bretts.
»Ägypten ist reich«, sagt er.
Dann fährt er mit dem Finger langsam dem Kreidestrich nach.
»Hier liegt Juda«, sagt er. »Juda ist auch reich.«
Omri macht mit dem Finger einen Sprung nach oben.
»Da ist Tyrus. Und dort Sidon. Das sind die reichsten Städte auf der ganzen Welt. Und da im Meer liegt die Insel Chittim (Zypern). Und dort oben ist das Land der Jawaner (Griechen), und noch weiter, dort, wo die Sonne untergeht, leben die Bewohner von Tharsis (Spanien). Auch diese Länder sind reich.«
Omri macht eine Pause. Dann schlägt er mit der flachen Hand auf die Mitte des Bretts.
»Und da liegt Israel«, sagt er. »Und Israel ist arm. Bettelarm. Alle andern Länder treiben Handel. Auf dem ganzen Meer wimmelt es von Schiffen. Die Schiffe gehören dem König von Ägypten und dem König von Juda und

dem König von Sidon. Und die Schiffe sind voll von Zedernholz, Eichenholz und Zypressenholz aus dem Libanongebirge. Die Schiffe sind voll von Kupfer aus Eilat am Roten Meer. Und die Schiffe sind voll von Gold aus Ophir in Afrika. Aber ich, der König von Israel, ich habe keine Schiffe. Wir in Israel treiben keinen Handel. Seit über vierzig Jahren liegt unsere Hauptstadt in den Bergen versteckt. Keine Straße führt von hier ans Meer. Keine Kaufleute kommen hier vorbei.«

Omri geht vom Brett zum Thron. »Schaut euch diesen Thron an«, sagt er. »Die andern Könige haben einen Thron mit goldenen Rücklehnen und mit Armlehnen aus geschnitztem Elfenbein. Sie sitzen auf Polstern aus Purpur. Aber mein Thron ist aus billigem Holz. Und das Kissen hat meine älteste Tochter aus Schafwolle gestrickt.«

Omri setzt sich auf den Thron und schlägt die Beine übereinander.

»Unser Land muß reich werden«, sagt er. »So reich wie die andern Länder. Aber wenn wir reich werden wollen, dann müssen wir zuerst einmal Frieden schließen. Frieden mit dem König von Juda. Frieden mit den andern Nachbarvölkern. Und dann: Verträge! Verträge schließen mit allen Ländern. Ihnen das verkaufen, was unser Land hervorbringt: Olivenöl, Pistaziennüsse, gesalzene Fische aus dem See Genezareth. Und wenn wir dann Geld haben, dann bauen wir uns eine neue Hauptstadt!«

Omri winkt den Obadja zu sich.

»Obadja!« befiehlt er. »Schick Unterhändler nach Jerusalem! Sie sollen zum König Asa sagen: Der König Omri will Frieden schließen! Schick Unterhändler nach Tyrus! Sie sollen zum König von Tyrus sagen: Der König Omri will einen Handelsvertrag mit dir abschließen! Und dann, wenn das alles gemacht ist, wollen wir einen Ort suchen, wo ich die neue Hauptstadt bauen kann. Der Ort muß in der Nähe der Hauptstraßen liegen. Und er muß auf einem Hügel sein, damit die Stadt gut verteidigt werden kann!«

Omri wendet sich an Ahab.

»Und für dich, Ahab«, sagt er, »will ich eine Frau suchen. Eine Prinzessin aus einem reichen Land. Das bringt uns Wohlstand und Glück!«

*

»Es ist der schönste Ort weit und breit, König Omri«, sagt Semer und verbeugt sich.

Semer ist ein reicher Bauer. Er besitzt viel Land. Er ist klein und dick, und hinter ihm steht ein Diener mit einem Fächer in der Hand.

Omri und Semer stehen auf einer Hochebene inmitten des fruchtbaren Berglandes. Auf der Ebene stehen Obstbäume, und eine Herde Schafe weidet auf dem grünen, saftigen Gras.

Neben Omri stehen Ahab und Obadja.
»Außerdem ist der Ort wie geschaffen für eine Hauptstadt«, sagt Semer und verbeugt sich zum zweiten Mal. »Links geht die Straße zum Meer. Und rechts nach Sichem. Und von Sichem geht wieder eine Straße über das ganze Gebirge Ephraim bis nach Jerusalem. Und in die andere Richtung geht die Straße in die Ebene Jesreel hinunter und von dort nach Damaskus, nach Tyrus und Sidon. An dieser Straße hier unten kommen viele Kaufleute vorbei. Man kann mit ihnen gute Geschäfte machen.«
Omri lacht.
»Man sieht es«, sagt er. »Auf alle Fälle bist du reich dabei geworden.«
»Ich habe zu leben, mein König«, sagt Semer und verbeugt sich zum dritten Mal.
Obadja weist mit der Hand auf die Berge.
»Die Lage ist gut«, sagt er. »Der Hügel beherrscht den Zugang zum Gebirge Ephraim. Und er ist groß genug für eine Stadt.«
»Da, am oberen Rand des Hangs, könnte man die Stadtmauer bauen«, sagt Ahab. »Und hier, wo wir jetzt stehen, ein Stadttor. Dem Hang entlang müßte eine Straße zum Stadttor führen.«
Die Männer gehen über die Ebene. Jetzt bahnen sie sich einen Weg durch die Schafe, und als sie beim Hirten vorbeikommen, schreit Semer: »Steh auf, du Tollpatsch! Verneig dich! Das ist der König Omri und das der Kronprinz Ahab!«
Erschrocken springt der Hirt auf und verbeugt sich vor dem König.
»Dort geht es noch einmal ein kleines Stück bergauf«, sagt Semer. »Und dann kommt noch einmal eine Fläche. Sie ist siebenhundert Schritte lang und dreihundert Schritte breit.«
Sie steigen den Hang hinauf.
Semer keucht.
»Hier oben baue ich meinen Palast«, sagt Omri. »Und darum herum die Vorratshäuser und die Innenhöfe.«
»Dort ist ein Brunnen«, sagt Semer und verbeugt sich zum vierten Mal. »Es ist eine wunderbare Quelle. Sie versiegt nie. Das ganze Jahr sprudelt klares Wasser aus dem Boden.«
»Wir könnten einen Teich machen«, sagt Ahab. »Und dort wäre ein guter Platz für die Pferdeställe. Dann hätte man nicht weit zur Tränke.«
»Du hast recht gehabt, Semer«, sagt Omri. »Der Hügel ist ein guter Platz für die Hauptstadt. Wieviel soll er kosten?«
»Ich würde ihn dem König gern schenken«, sagt Semer und verbeugt sich zum fünften Mal. »Aber ich habe drei Töchter, die ich verheiraten muß. Das kostet viel Geld. Der Brautpreis! Die Festkleider! Das Festessen! Der Wein! Die Geschenke! Und dann...«

»Was kostet der Hügel?« fragt Omri.
»Zwei Talente Silber«, sagt Semer.
»Das ist teuer«, sagt Omri.
»Es ist mein bestes Land!«
Omri denkt nach.
»Ich habe Frieden mit Asa von Juda gemacht«, sagt er. »Und ich habe einen Vertrag mit Ethbaal, dem König von Sidon, geschlossen. Israel ist in wenigen Jahren ein wohlhabendes Land geworden. Ich kauf dir das Land ab, Semer!«
Semer verbeugt sich.
»Du bist klug, König Omri«, sagt er. »Die Stadt wird den Ruhm deines Namens über die ganze Welt verbreiten. Und den meinen auch.«
»Warum?«
»Weil der Hügel meinen Namen trägt: Samaria, der Hügel von Semer.«
»Du bist ein durchtriebener Bursche«, sagt Omri und gibt Semer die Hand. »Der Hügel gehört jetzt mir. Obadja wird den Kaufvertrag aufsetzen und dir das Geld bringen.«
»Noch etwas, König Omri«, sagt Semer. »Samaria liegt in den Bergen. Im Winter kann es da ganz schön kalt werden. Da wäre es dann für den König und seine Familie und für die zarten Enkel, die Gott dir schenken möge, gut, wenn sie für ein paar Monate in eine wärmere Gegend ziehen könnten. Ich hab da in der Ebene Jesreel unten noch ein wunderbares Stück Land. Hanglage. Ganz nahe beim Stadttor und dem Turm von Jesreel. Vor dem Stadttor geht die Straße nach Osten durch. Nach Ramoth und Damaskus. Und oben an der Straße: prächtige Weinberge. Dort könnte der König einen schönen Winterpalast bauen.«
Omri lacht schallend.
»Du bist mit allen Wassern gewaschen, Semer«, sagt er. »Aber ich will mir das Land anschauen. Und wenn es so ist, wie du sagst, dann kauf ich es dir ab und bau mir dort den Winterpalast.«
Semer verneigt sich zum letzten Mal.
Omri und seine Begleiter gehen den Hügel hinunter zu den Pferden.
»Übrigens«, sagt Omri zu Ahab, »ich habe für dich eine Frau gefunden. Eine gescheite, schöne und reiche Frau. Die Heirat wird unserem Land großen Nutzen bringen.«
»Und... wer... ist sie, Vater?« fragt Ahab.
»Sie heißt Isebel«, sagt Omri. »Und sie ist die Tochter von Ethbaal, dem König von Tyrus. Es ist der, mit dem ich einen Vertrag geschlossen habe.«

# Isebel

1. Könige 16,31

*Vorbemerkungen*

*Isebel* war die Tochter *Ethbaals* (auch: Ithobaal), des Königs von *Sidon* und *Tyrus*. Er war gleichzeitig auch Ascherapriester. Unter den Hauptstädten der verschiedenen phönizischen Stämme, die das Küstenland des westlichen Syrien bevölkerten, behauptete sich Sidon schon sehr früh. In seiner Blütezeit von 1600–1100 v. Chr. gründete die Stadt an allen Küsten des Mittelmeeres zahlreiche Kolonien. Ab zirka 1100 residierten die Könige jedoch in Tyrus, das etwa 40 Kilometer südlich Sidon auf einer Insel nahe der Küste lag. Die Bezeichnungen Sidon oder Tyrus stehen in der Bibel oft auch für beide Städte, manchmal auch für ganz Phönizien. Die Phönizier führten Zedern, Eichen und Zypressen aus, und einer der Vorgänger Ethbaals, Hiram, lieferte Salomo für seine Palast- und Tempelbauten Holz und Bauleute. Phönizische Handelsschiffe brachten aus Spanien Eisenerz, aus Eilat Kupfer und aus Ophir Gold. Bekannt waren die Phönizier für ihre Purpurindustrie. Südlich von Sidon fand man einen mehrere Meter hohen Hügel aus Schneckenschalen. Sie waren in einer ganz bestimmten Weise durchbrochen, um den gelben Saft herausdrücken zu können, mit dem man Textilstoffe purpurfarben einfärbte. Die Phönizier entdeckten die Kunst der Glasbläserei und fertigten aus Elfenbein, das sie von Afrika und Indien importieren, Schnitzereien an.
Omri verheiratete Ahab mit der tyrischen Prinzessin, um sich günstige Beziehungen mit diesem kulturell hochstehenden Volk zu sichern. Daß Isebel ihre eigenen Gottheiten aus Tyrus nach Samaria mitbrachte, um sie in ihrer neuen Heimat verehren zu können, war allgemein geübter Brauch, und die strengen Jahweanhänger hätten die Prinzessin wohl nicht kritisiert, wenn sie nicht dem Tyrischen Baal in Israel eine Vorrangstellung hätte einräumen wollen. Außerdem kam ihr totalitärer Herrschaftsanspruch mit dem israelitischen Recht in Konflikt, wie es sich später in der Geschichte um Naboths Weinberg zeigen wird. Isebel verkörpert darum in der Bibel nicht nur eine ausländische Prinzessin, sondern eine gewaltige Macht, die gegen Jahwe und seine Gerechtigkeit auftritt und versucht, seinen Herrschaftsanspruch zu brechen.
Daß sich Isebel *schminkte* und ihr Haupt schmückte, wird in 2. Könige 9,30 erwähnt. Jeremia 4,30 gebraucht den gleichen Ausdruck: »Magst du... groß machen die Augen mit Schminke«, mit dem wohl das uralte und heute noch im Orient gebrauchte Färbemittel des Antimonit gemeint ist. Es wird gebrannt und gestoßen und mit Öl zu einer Salbe verarbeitet, mit der man die Augenbrauen färben und schwarzblaue Ringe um die Au-

gen ziehen kann. Der Kontrast mit dem Weißen im Auge erhöht dann den Glanz des Auges.
Über *Baalspropheten* und *Baalspriester* siehe Vorbemerkungen zur Erzählung »Die Entscheidung«!

Samaria wird gebaut. Beschreibung v. Tyrus

*Erzählung* Ahab + Isebel heiraten

Sechs Jahre lang schuften Steinmetze, Zimmerleute, Taglöhner und Sklaven von Sonnenaufgang bis Sonnenuntergang. Dann steht der Palast des Königs samt den Vorratshäusern, den Ställen für die Pferde und Maultiere, dem Zeughaus und dem Teich. Eine Mauer schützt die königlichen Bauten. Jenseits der Mauer entstehen die Wohnviertel für das Volk. Vom ganzen Land ziehen Handwerker in die neue Hauptstadt. Bald reiht sich in Samaria ein Haus an das andere. Gerber und Schmiede, Weber und Töpfer richten ihre Werkstätten ein. In den Gassen und auf dem Markt beim Haupttor stellen Händler, Kaufleute und Krämer Stände auf, und Schreiber, Gelehrte und Künstler bieten ihre Dienste an. Um die ganze Stadt zieht sich eine mächtige Mauer mit Toren und Türmen. Zum Haupttor führt, längs des Hangs, eine breite Straße.
Im sechsten Jahr nach der Grundsteinlegung ziehen Omri, seine Familie und der ganze Königshof von Thirza nach der neuen Hauptstadt.
»Wenn der Sommer vorbei ist«, sagt Omri zu Ahab, »heiratest du die Prinzessin Isebel von Tyrus. Wir wollen ihrem Vater, dem König Ethbaal, Geschenke schicken, Geschenke aus dem Land Israel.«
Wenige Wochen später verläßt eine Karawane die Stadt. Die Kamele und Esel sind beladen mit Krügen und Säcken voll von feinstem Olivenöl, von Wein und Gerste, getrockneten Trauben und Feigen, Wolle und Stoffen. Hirten treiben die schönsten Schafe und Ziegen aus dem israelitischen Bergland hinter den Eseln und Kamelen her. Obadja, der Ratgeber des Königs, und ein paar Soldaten begleiten die Karawane nach Sidon.
Einen Monat später kommt die Karawane zurück. Ein hoher Würdenträger vom Königshof in Tyrus überbringt König Omri die Grüße von König Ethbaal. Im Thronsaal werden die Geschenke aus Tyrus ausgebreitet: schwere Halsketten und Armreife aus Silber und Gold, Schnitzereien aus Elfenbein, purpurrot gefärbte Stoffe, in Gold gefaßte Edelsteine, Waffen aus Eisen und farbige Schalen aus Glas. Der ganze Thronsaal funkelt und spiegelt von all diesen Kostbarkeiten.
»Erzähl mir von Tyrus!« sagt Ahab zu Obadja.
»Ich glaube, es ist die reichste Stadt der Welt«, antwortet Obadja. »Sie liegt auf einer Insel, nicht weit vom Festland entfernt. Wir sind mit Schiffen hinübergefahren. Im Hafen lagen Hunderte von Schiffen. Sklaven ha-

ben sie ausgeladen. Zum Palast des Königs Ethbaal führt ein Kanal. Die Schiffe können bis zur Treppe fahren. König Ethbaal hat uns im Thronsaal empfangen. Der Saal ist an den Wänden voll mit geschnitzten Elfenbeinbildern. Wir haben Ethbaal die Geschenke gegeben. Von den Ziegen und Schafen haben wir nur je einen Bock mitnehmen können. Die andern Tiere haben wir auf dem Festland lassen müssen. Der Bock hat gemeckert, und Ethbaal hat gelacht. Dann hat Ethbaal uns zu Ehren dem Gott Baal und der Göttin Aschera ein Opfer gebracht. Ethbaal ist nicht nur König, sondern auch der höchste Priester von Tyrus. Überall im Palast stehen Götterfiguren. Wer an ihnen vorbeigeht, verneigt sich.«

»Hast du dich auch verneigt?« will Ahab wissen.

«Nein«, sagt Obadja. »Ich verneige mich nur vor unserem Gott. Vor Jahwe.«

»Ist der Palast in Tyrus schöner als der Palast in Samaria?«

»Schöner nicht«, sagt Obadja. »Aber anders. Es ist, als ob im Palast von Tyrus die ganze Welt zu Hause wäre. Schwarze Musikanten spielen auf Instrumenten, die ich noch nie gesehen, und singen Lieder, die ich noch nie gehört habe. Es gibt Tänzerinnen aus einem Land im Osten, wo die Menschen groß sind und eine helle Haut haben. In den Hallen sieht man Springbrunnen und Käfige mit seltenen Vögeln und Affen. Alles Geschirr ist aus Gold und Silber, und an den Bechern glitzern Edelsteine. Ein Diener des Königs hat mir die Stadt gezeigt. In den Straßen spazieren Matrosen von Schiffen, die aus Ägypten, aus Arabien und aus dem Abendland nach Tyrus kamen. Nahe beim Hafen gibt es ein Haus, in dem Purpurfarbe gemacht wird. Dort arbeiten Männer, die den ganzen Tag nichts anderes machen, als Schneckenhäuser aufzubrechen. Der Schleim der Schnecken wird in Becken gesammelt. Aus dem Schleim bildet sich die Purpurfarbe. Und weißt du, Ahab, wie viel Schnecken man braucht, um nur so viel Farbe zu bekommen wie auf meinem kleinen Fingernagel Platz hat?«

Ahab schüttelt den Kopf.

»Achttausend Schnecken braucht man dazu!« sagt Obadja. »Und wenn man genug Farbe hat, schüttet man sie in kleine Kessel. In die Kessel hängt man dann die Fäden, aus denen die Purpurstoffe für die Könige, die Priester und die reichen Leute gewoben werden. Auch in den Werkstätten der Goldschmiede und Elfenbeinschnitzer bin ich gewesen. Aber am spannendsten war es bei den Glasbläsern. In kleinen Öfen haben sie das Glas flüssig gemacht. Und dann haben sie einen geformten Lehmklumpen an einem Metallstab festgemacht. Den Klumpen haben sie schnell in das flüssige Glas getaucht, und als das Glas kalt und hart geworden ist, haben die Arbeiter es von der Form genommen. Da war es eine schöne, farbige Glasschale.«

»Ich bin gespannt, wie die Isebel aussieht«, sagt Ahab.
»Man sagt, sie gleiche ihrem Vater«, antwortet Obadja. »Langes, schwarzes Haar hat sie, und oben an der Stirn ist es gerade geschnitten. Schlank und groß ist sie, und sie hat dunkle Augen.«
»Ich freue mich auf die Heirat«, sagt Ahab.
»In drei Wochen bist du ihr Mann«, sagt Obadja.

*

Das Zimmer der Prinzessin Isebel ist eines der schönsten im Palast des Königs Ethbaal von Tyrus. Alle Möbel sind aus Zedernholz: das Bett, die Stühle, der Schminktisch, die Truhen. Auf dem Fußboden liegen dicke Teppiche, und die Wände sind mit purpurrotem Stoff überzogen. In einer Nische stehen zwei Götterfiguren. Sie sind größer als Menschen und ganz mit Goldblech überzogen. Die eine Figur stellt den Gott Baal dar. In der linken Hand hält er eine Keule, und mit der rechten schleudert er den Blitz. Neben ihm steht die Göttin Aschera. Sie ist nackt. Mit den Händen hält sie ihre großen, runden Brüste.
Prinzessin Isebel sitzt am Schminktisch. Vor ihr steht eine Schminkdose aus weißem Elfenbein. In den Deckel der Dose ist ein Löwe geschnitzt. Vor dem Tisch steht eine schwarze Sklavin. In ihrem runden Gesicht leuchten zwei Reihen schneeweiße Zähne. In ihren Händen hält sie einen polierten Kupferspiegel.
»Erzähl mir von Israel, Kezia!« befiehlt Isebel. Sie nimmt aus der Schminkdose schwarzblaue Farbpaste und einen Pinsel. Vorsichtig malt sie dunkle Striche in den Jochbogen über dem Augenlid und rings um die Wimpern.
»Es ist lange her, seit ich in Israel gewesen bin, Prinzessin«, sagt Kezia. »Meine Eltern sind Sklaven gewesen bei einem Kaufmann in Jesreel.«
Isebel schaut in den Kupferspiegel und verteilt mit dem Finger die schwarzblaue Farbe gleichmäßig um die Augen.
»Zu jener Zeit hat noch der König Jerobeam über Israel regiert«, sagt Kezia. »Mein Vater hat den Kaufmann manchmal begleiten müssen, wenn er in die Städte und Dörfer gegangen ist. Und ab und zu habe ich mitgehen dürfen. Es ist ein schönes Land, das Land Israel. Ein Land mit viel Bergen und Hügeln. Hirten weiden dort ihre Schafe und Ziegen. Aus den Oliven pressen die Bauern Öl. Es ist feines, teures Öl. Die schwarzblaue Paste, die du dir aufmalst, ist gewiß mit Öl aus Israel angemacht.«
»Gibt es nur Berge, Schafe und Öl in Israel?«, will Isebel wissen.
»Nein. Jesreel, wo ich aufgewachsen bin, liegt in einer großen und fruchtbaren Ebene. Dort arbeiten Bauern auf ihren Äckern, und gegen Sonnenaufgang liegt ein schöner See. Er heißt See Genezareth.«

Isebel nimmt aus der Schminkdose einen roten Stift und malt sich die Lippen an.
»Wie sind die Menschen in Israel?« fragt sie.
»Sie sind wie alle Menschen«, sagt Kezia. »Manchmal gut, manchmal böse.«
Isebel stampft mit dem Fuß auf den Boden und schüttelt den Kopf, daß ihre glatten, schwarzen Haare umherwirbeln.
»Ich will nicht wissen, ob sie gut oder böse sind, du Dummkopf!« schreit sie. »Ich will wissen, ob sie gebildet sind. Und vornehm. Ob sie gut riechen oder stinken.«
Isebel reibt ihre Lippen gegeneinander, um die rote Farbe zu verteilen. Dann zieht sie mit dem Stift die Ränder nach und betrachtet ihr Werk im Spiegel.
»Gebildet sind sie schon«, sagt Kezia. »Aber nicht so, wie die Menschen in Tyrus. Mein Vater hat mir erzählt, daß die Israeliten früher Nomaden gewesen sind. Sie haben in Zelten gelebt. Dann sind sie in Ägypten Sklaven geworden und haben Ziegel brennen müssen. Ein frommer Mann, Mose, hat sie aus der Sklaverei herausgeführt. Vierzig Jahre sind sie in der Wüste gewesen. Aber dann haben sie das Land Kanaan erobert und sind Bauern geworden.«
Isebel rümpft ihre kleine Nase.
»Nomaden und Sklaven!« sagt sie. »Bauern und Hirten. Die stinken gewiß. Zu was für einem Gott beten sie denn?«
»Ihr Gott heißt Jahwe«, sagt Kezia. »Ich glaub, er wohnt auf dem Berg Sinai weit im Süden. Dort hat er dem Mose das Gesetz gegeben.«
Isebel pudert sich die Stirn, die Wangen und die Nase.
»Wie sieht er denn aus, dieser Jahwe?« fragt sie.
»Ich weiß es nicht«, antwortet Kezia. »Niemand weiß es.«
Isebel hört auf mit Pudern.
»Warum weiß es niemand?« fragt sie. »Gibt es denn kein Bild von ihm? Keine Figur?«
»Kein Bild und keine Figur«, sagt Kezia. »Eines der Gebote, die Jahwe dem Mose am Berg Sinai gegeben hat, heißt: Du sollst dir kein Gottesbild machen!«
Isebel starrt Kezia an.
»Kein Gottesbild, sagst du? Kein Gottesbild? Ja, um was tanzen dann die Priester und die Priesterinnen bei den großen Festen? Wenn sie Wein getrunken haben? Wenn sie rasend sind? Wenn sie schreien und sich Einschnitte in die Haut machen, damit das Blut fließt und das Volk sich vor Begeisterung die Kleider vom Leib reißt – um was tanzen dann die Jahwepriester und die Jahwepriesterinnen herum?«

»Jahwe hat keine Priesterinnen«, sagt Kezia. »Nur Priester. Und die tanzen nicht. Sie trinken auch keinen Wein beim Opfer. Sie machen sich keine Einschnitte in die Haut. Und niemand reißt sich die Kleider vom Leib.«
Isebel springt auf. Der Stuhl poltert auf den Boden. Sie rennt durchs Zimmer und wirft sich vor den beiden Götterfiguren auf den Boden.
»Hast du gehört«, stößt sie hervor, »Baal, Herr des Hauses und des Akkers, Herr der Stadt Tyrus und des Regens und des Reichtums! Hast du gehört, Aschera, Mutter von allem Leben und allem, was wächst: Mensch und Tier und Pflanzen! Kein Bildnis hat der Gott Jahwe! Keinen Tanz hat er! Keinen Wein! Und ich soll in das Land dieses armseligen Gottes gehen! Ich soll einen Prinzen heiraten, der ehemalige Sklaven und Nomaden regiert! O ich arme Frau!«
Isebel schluchzt herzzerbrechend.
Kezia hat den Kupferspiegel auf den Schminktisch gelegt. Sie kommt zu Isebel und streicht ihr übers Haar.
»Du verdirbst dir dein schön geschminktes Gesicht, Prinzessin«, sagt sie. »Trockne deine Tränen! Israel ist ein schönes Land. Und wenn du willst, kannst du den Bauern und Hirten dort den Baal und die Aschera bringen. Vielleicht haben sie Freude an ihnen und vergessen dann ihren Gott Jahwe.«
Isebel steht auf.
»Du hast recht, Kezia«, sagt sie. »Befiehl den Dienern: Nehmt den Baal und die Aschera mit nach Israel! Und hundert Priester des Baal und hundertfünfzig Priester der Aschera – hörst du, Kezia: zweihundertfünfzig Priester! – begleiten mich, den Baal und die Aschera nach Samaria!«

*

Ein paar Wochen später reist Prinzessin Isebel von Tyrus nach Samaria. Ein langer Zug von Kamelen, Eseln und Sklaven begleitet sie. Auf die Rücken der Tiere sind die Möbel aus dem Zimmer der Isebel gebunden: Die Stühle aus Zedernholz, der Schminktisch, das Bett und die kostbaren Teppiche. Sklaven schleppen Vasen und Geschirr, Kleider und Schmuck. Sie tragen alles so, daß jedermann es sehen und den Reichtum der Prinzessin bewundern kann.
In der Mitte des Zuges gehen die Priester: würdige, großgewachsene Männer in langen weißen Kutten. Auf den Köpfen tragen sie hohe Spitzhüte.
Jetzt kommen zwei Musikanten. Einer schlägt auf die Handpauke. Der andere bläst Trompete. Und dann: zwanzig Priester, die auf zwei Gestellen zwei goldene Figuren tragen. Die eine Figur ist Baal. Er hält in der linken Hand eine Keule, und mit der rechten schleudert er den Blitz. Die an-

dere Figur ist Aschera. Sie ist nackt und hält mit den Händen ihre großen runden Brüste.
In den Dörfern und Städten Israels und draußen auf dem Land lassen Handwerker und Bauern, Mütter und Kinder ihre Arbeit und ihr Spiel liegen und eilen an die Straße, auf der der lange Zug vorbeikommt. In einer Sänfte sitzt Isebel. Sie hat einen feuerroten Mantel mit goldenen Borden an. Ihr Gesicht ist geschminkt: die Augen schwarzblau und ihr Mund rot. Die Männer und Frauen am Wegrand verneigen sich vor ihr, und die Kinder winken ihr zu.
»Sie sieht aus wie ein Papagei«, sagt eine alte Großmutter. »So malt sich eine anständige Frau nicht an.«
»Sie ist hübsch, die Isebel«, sagt ein Mädchen. »Wenn ich Schminke hätte, würde ich mir die Augen auch anmalen.«
Isebel schaut von der Sänfte auf die Menschen. Sie versteht ihre rauhe Sprache nicht.
»Es sind Bergler«, denkt sie. »Ungebildete Menschen. Aber ich will ihnen zeigen, wie man sich benimmt. Ich will ihnen beibringen, was wertvoll und schön ist. Und ich bringe ihnen zwei Götter, die sie anschauen können.«
In Samaria wird Hochzeit gefeiert.
Ein paar Wochen nach dem Fest laufen in den Städten und Dörfern Israels auffallend viele junge Mädchen mit schwarzblau geschminkten Augenrändern herum.

## Baal

1. Könige 16,32–33

*Vorbemerkungen*

Von Ahabs Kindern werden in der Bibel drei namentlich erwähnt. Nach Ahabs Tod regierte *Ahasja* etwa ein Jahr. Er verunglückte durch einen Sturz vom Obergemach seines Palastes. Da er keinen Sohn hatte, wurde sein jüngerer Bruder *Joram* an seiner Stelle König. Die Tochter *Athalja* heiratete später Joram von Juda.
Die wichtigste Gestalt unter den kanaanitischen Göttern war *Baal*, dessen Name »Herr« bedeutet. Ursprünglich war er ein Sohn des Schöpfergottes El, doch geriet später der Vater in Vergessenheit, und Baal wurde der Name für den wichtigsten Gott des Himmels, der Erde und der Fruchtbarkeit. In Nordsyrien galt Anath als Baals Gattin, während in Palästina

*Aschera* (Astarte) diesen Platz einnahm. Ist Baal die schaffende und zeugende, so ist Aschera die empfangende und gebärende Naturkraft. Jeremia 19,5 bezeugt, daß dem Baal Kinder geopfert wurden. War Jahwe mit dem wandernden Menschen und seinem Geschick verbunden, so Baal mit dem Bauern und seiner Scholle. Sein Heiligtum war ein fester Ort: Eine Höhe, ein Berg. Im Gegensatz zum nüchternen Jahwekult kannte der kanaanäische Baal- und Astartekult die Tempelprostitution.
Wie die Aschera, die Ahab anfertigen ließ, beschaffen war, wissen wir nicht. Aber aus der Zeit der Tempelreform des Königs Josia werden 2. Könige 23,4ff Kultgegenstände, »die man dem Baal und der Aschera... gemacht hatte« und eine Aschera erwähnt, die im Kidrontal verbrannt wurde. Teils dürfte es sich bei diesen Kultobjekten um hölzerne Pfeiler, die man in den Boden steckte, teils um geschnitzte Statuen gehandelt haben. In der Nähe des Tempels in Jerusalem wurden Gewänder gewoben, die man dem Kultbild der Aschera umhängte (2. Könige 23,7).
*Baalstempel:* Siehe Vorbemerkungen zur Erzählung »Die Dürre«!
Isebel überredet die Menschen Baal anzubeten. Omri stirbt

*Erzählung*

Sechs Jahre sind vergangen, seit die Prinzessin Isebel den Prinzen Ahab geheiratet hat. Drei Kinder hat Isebel dem Ahab geschenkt: die beiden Söhne Ahasja und Joram und die Tochter Athalja.
Heute ist in Samaria Richttag. Es ist der Tag, an dem der König Recht spricht. Aber König Omri ist alt geworden.
»Ich bin heute zu müde, um Recht zu sprechen«, sagt er zu Ahab. »Bald bist du König, und es wird Zeit, daß du mich auch bei den Amtsgeschäften vertrittst, die viel Erfahrung und Verständnis verlangen. Setz dich heute auf meinen Thron! Sei den Klägern und den Angeklagten, die zu dir kommen, ein gerechter Richter!«
Prinz Ahab geht in den Thronsaal. Die Menschen verneigen sich tief vor ihm. Er setzt sich auf den Thron seines Vaters. Neben ihm stehen Obadja und andere Ratgeber.
Auf den Stühlen längs der Wand im Thronsaal sitzen und stehen Kläger und Angeklagte, die auf den Richtspruch des Prinzen Ahab warten. Auf einem besonderen Stuhl, in der Näha Ahabs, sitzt die Prinzessin Isebel. Sie trägt ihren purpurroten Mantel mit den goldenen Borten. Neben ihr sitzen die Prinzen Ahasja und Joram. Prinzessin Athalja kriecht auf dem Boden umher und spielt mit ihrer Puppe.
»Der Kaufmann Daniel aus Sichem hat mit dem Bauern Jona einen Rechtsstreit!« ruft Obadja. »Der Kaufmann Daniel und der Bauer Jona sollen vor dem Prinzen Ahab erscheinen!«

Daniel und Jona gehen zum Thron. Sie werfen sich vor Ahab nieder. Mit ihrer Stirn berühren sie den Boden.
»Steht auf!« sagt Ahab. »Und du, Daniel, bring deine Klage vor!«
»Also, das ist so gewesen«, sagt der Kaufmann. »Ich habe dem Bauern Jona vor mehr als einem Jahr fünf Minen Silber geliehen, damit er sich den Acker beim Bärengrund vor der Stadt kaufen konnte. Wir haben einen Vertrag gemacht. Da ist er!«
Daniel hält ein Stück Pergament in die Höhe.
»Und in diesem Vertrag«, sagt Daniel und zeigt mit dem Finger auf das Pergament, »– in diesem Vertrag steht, daß mir der Jona jedes Jahr am Neujahrsfest eine Mine Silber zurückzahlen muß. Und als Zins für das geliehene Silber muß er mir jedes Jahr in der Erntezeit zwei Kor (720 Liter) Gerste geben. Und diese Gerste ist er mir schuldig geblieben.«
»Stimmt das?« fragt Ahab den Bauern.
»Ja, Herr«, sagt Jona.
»Warum kommt ihr dann zu mir?« fragt Ahab. »Das ist doch ein Fall für den Dorfältesten oder den Ältesten der Stadt Samaria. Wenn du nicht zahlen willst, Jona, wie es im Vertrag steht, dann soll dein Haus gepfändet werden.«
»Aber ich bin doch nicht schuld!« ruft Jona. »Ich habe gemacht, was ich konnte. Ich habe den besten Samen gesät. Ich habe meine Äcker sorgfältig gepflügt. Ich habe vom frühen Morgen bis zum späten Abend gearbeitet. Ich habe auch zu Gott gebetet und ihm einen schönen Schafbock versprochen, wenn er mir viel Gerste wachsen läßt. Aber Gott hat meine Gebete nicht erhört. Er hat meine Äcker nicht gesegnet. Sie haben nur wenig Frucht getragen, gerade so viel, daß meine Familie und ich nicht hungern mußten und daß ich für dieses Jahr noch ein wenig Saatgut hatte. Darum habe ich dem Daniel die zwei Kor Gerste nicht geben könen.«
»Das stimmt«, sagt Obadja. »Die Felder haben bei der letzten Ernte nur geringen Ertrag gebracht.«
»Aber wir haben einen Vertrag geschlossen«, ruft der Kaufmann Daniel. »Und ich will das haben, was mir gehört.«
Jona steht mit gesenktem Kopf da. Er weiß nicht, was er sagen soll.
»Du bist nicht schuld, Bauer!« ruft eine Frauenstimme.
Alle blicken in die Richtung, von der die Stimme kommt. Es ist die Stimme der Prinzessin Isebel.
»Ich muß die Prinzessin Isebel bitten zu schweigen«, sagt Obadja. »Prinz Ahab spricht hier Recht.«
Isebel würdigt Obadja keines Blickes. »Du bist nicht schuld, Bauer!« ruft sie noch einmal. »Und auch du nicht, Kaufmann Daniel. Keiner ist schuld. Aber dumm seid ihr alle miteinander.«

Isebel steht auf. Sie geht zum Thron und stellt sich vor dem Prinzen Ahab auf.
»Der Prinz Ahab hält hier Gericht«, sagt Obadja noch einmal. »Nicht die Prinzessin Isebel.«
Isebel schaut Obadja an und lacht verächtlich.
»Auch du bist dumm, Obadja«, sagt sie. »Und wenn du und die andern Ratgeber es nicht wissen, dann muß ich es euch sagen! Schaut mich an, ihr Männer aus Israel! Ich komme aus einem reichen Land! Aus einem Land, wo die Bauern fünfmal so große Scheunen haben und der König fünfmal so große Lagerhäuser hat wie bei euch in Israel. Denn auf den Feldern in meiner Heimat wächst fünfmal so viel Gerste, fünfmal so viel Weizen, wachsen fünfmal so viel Linsen, Zwiebeln und Gewürze wie hier in Israel. Und unsere Schiffe bringen alle Schätze der Erde nach Tyrus. Du bist ja dort gewesen, Obadja! Du hast es gesehen! Und wißt ihr, warum Tyrus so reich ist? Weil wir in Tyrus den rechten Gott haben.«
Isebel macht eine Pause. Es ist ganz still im Thronsaal. Alle schauen wie gebannt auf die Prinzessin, die in ihrem roten Mantel stolz vor dem Thron steht.
»Euer Gott heißt Jahwe«, sagt Isebel. »Und Jahwe ist ein Gott, der tief unten in der Wüste auf dem Berg Sinai wohnt. Jahwe mag ein guter Gott für die Nomaden sein. Aber für die Bauern ist er ein schlechter Gott. Wie soll denn ein Wüstengott Korn wachsen lassen können? Oder Flachs? Oder Wein? Das alles gibt es ja in der Wüste, über die er herrscht, gar nicht. Aber unser Gott Baal kann das. Baal ist der Gott des Bodens. Baal ist der Gott des Regens. Baal läßt Gerste wachsen. Und Weizen. Und Granatäpfel. Und Feigen. Und Datteln. Und die Göttin Aschera segnet sein Werk. Sie macht die Menschen und die Tiere fruchtbar.«
Der Bauer Jona kratzt sich mit seinen abgearbeiteten Fingern im Haar.
»Die Prinzessin Isebel hat recht«, sagt er. »Ich habe zum falschen Gott gebetet. Ich habe dem falschen Gott Opfer gebracht. Jahwe ist der Gott der Nomaden. Er versteht nichts vom Ackerbau.«
»Der Gott Israels heißt nicht Baal, sondern Jahwe!« ruft Obadja. »Jahwe hat uns aus der Sklaverei in Ägypten befreit. Jahwe hat uns durch das Meer geführt. Jahwe hat uns am Sinai das Gesetz gegeben. Jahwe hat mit uns einen Bund geschlossen. Jahwe hat uns dieses Land gegeben. Jahwe ist uns treu gewesen bis heute. Es ist nicht recht, wenn wir ihn verlassen und zu andern Göttern beten!«
»Wer hat hier zu befehlen?« fragt Isebel. »Der Prinz oder sein Ratgeber?«
»Der Prinz!« ruft die Menge.
»Baal!« schreit einer.
»Baal!« rufen die Männer. Und immer wieder: »Baal! Baal!«

»Prinz Ahab«, sagt Isebel und wendet sich ihrem Mann zu. »Ich wünsche, daß du dem Gott Baal in Samaria einen Tempel baust. Und einen Altar davor. Und ihr, ihr Bauern: wenn ihr in eure Dörfer und auf eure Höfe zurückkommt, dann sagt es euren Nachbarn: Stellt in den Häusern und auf den Hügel über euren Äckern dem Baal und der Aschera ebenfalls Altäre und Steine auf! Opfert ihnen! Tanzt und singt ihnen zu Ehren! Und ihr werdet sehen: Regen wird auf eure Äcker fallen. Und eure Felder werden viel Frucht tragen!«
»Ich muß zuerst meinen Vater fragen, wegen des Tempels«, sagt Ahab.
»Ach was«, antwortet Isebel. »Dein Vater ist schon einverstanden. Und außerdem ist er alt. Bald bist du König.«
Wie ein Lauffeuer verbreitet sich die Nachricht von dem, was Isebel über Jahwe und Baal gesagt hat, im ganzen Land. Bald sieht man überall, auf den Hügeln und Höhen in Israel, Altäre für den Gott Baal und die Göttin Aschera. Die Bauern opfern ihnen ihre schönsten Stiere und Schafböcke. Manchmal opfern sie auch Jahwe. Sie denken: »Doppelt genäht hält besser! Jahwe hat uns aus der Sklaverei Ägyptens befreit und durch die Wüste geführt. Dafür wollen wir ihm auch etwas opfern. Aber jetzt sind wir nicht mehr in der Wüste. Jetzt sind Baal und Aschera wichtiger für uns.«
Oft kommt es vor, daß von einem Jahwealtar Steine abbröckeln. Dann bauen ihn die Israeliten nicht mehr auf. So gerät Jahwe immer mehr in Vergessenheit.

*

Eines Tages wird König Omri krank.
Die Priester aus Tyrus kennen alte Heilmittel. Sie opfern dem Baal und der Aschera die schönsten Schafe und Rinder.
Auch die Jahwepriester kennen Heilmittel. Auch sie opfern. »Je mehr Göttern wir opfern«, sagt Isebel, »desto eher wird der König wieder gesund.«
Aber König Omri wird nicht mehr gesund. Er liegt im Bett, und das Atmen macht ihm Mühe. Manchmal öffnet er die Augen und murmelt ein paar Worte. Ahab fährt ihm mit einem nassen Schwamm über das Gesicht und die trockenen Lippen. Er hält ihm die Hand.
Zwei Tage später stirbt Omri. Am Bett des Toten stehen Ahab und Isebel und ihre Kinder Ahasja, Joram und Athalja. Ahasja ist fast sieben Jahre alt. Er weint. Joram, der Sechsjährige, weint auch. Aber Athalja weint nicht. Sie ist noch zu klein. Sie sitzt am Boden und spielt mit ihrer Puppe.
Ahab küßt seinen toten Vater.
»Er ist ein guter König gewesen«, sagt Obadja, der Ratgeber Omris.
Nachdem die Familie vom Toten Abschied genommen hat, kommen Die-

ner und Dienerinnen ins Zimmer. Sie waschen den Körper des Toten und wickeln ihn in Tücher und Binden ein. Zwischen die Tücher streichen sie wohlriechende Salben und Balsam.
Die Musikanten des Königs, die sonst bei Festen und beim Essen spielen, stellen sich vor dem Zimmer auf. Sie blasen in die Hörner und Trompeten und schlagen auf die Trommeln. Der Ton der Hörner ist dumpf. Traurig klingt der Trommelschlag. Vor dem Palast strecken Klagefrauen ihre Arme in die Höhe. Sie wälzen sich am Boden. Sie streuen Dreck auf den Kopf, raufen sich die Haare, und ihre schrillen Rufe gellen unheimlich durch die Stadt Samaria.
Am Nachmittag tragen hohe Offiziere und Beamte den toten König auf einer Bahre aus dem Palast. Heiß und grell scheint die Sonne auf den Hof des Palastes. Den Trägern rinnt der Schweiß über das Gesicht. Hinter der Bahre gehen die königliche Familie und der ganze Hof. Alle tragen grobe Kleider und gehen barfuß. Der Zug geht durch die engen Gassen der Stadt abwärts zum Stadttor. Die Bewohner Samarias schließen sich dem Zug an.
In den Bergen vor der Stadt befindet sich eine Höhle. Noch zu Lebzeiten hat Omri den Eingang zur Höhle zu einem schönen Portal ausbauen lassen. Die Träger bringen den Toten in die Höhle. An den Wänden stecken Fackeln in eisernen Haltern. Ihr Feuer flackert. Wie ein leichter Nebel schwebt der Rauch den Wänden entlang zur Decke.
In die Höhlenwand ist eine Nische eingegraben. Dorthin legen die Träger den toten König. Dann verlassen sie die Höhle und rollen einen großen, runden Stein vor den Eingang.
Sieben Tage lang trauern die Menschen in Israel um Omri. Sieben Tage lang tragen sie grobe Kleider und gehen barfuß. Dann wird Ahab zum neuen König über Israel gesalbt. Die Israeliten ziehen ihre Festkleider an und lachen und tanzen, essen und trinken.
»Du hast meinem Vater treu gedient als Ratgeber«, sagt Ahab zu Obadja. »Ab heute bist du Hofmeister. Du bist Vorsteher über den ganzen Palast und über alle, die im Palast leben und arbeiten: über Diener, Dienerinnen, Knechte, Mägde, Soldaten. Und du bist verantwortlich für alle Waffen und alle Vorräte.«

# Die Dürre

1. Könige 17,1

*Vorbemerkungen*

Ich verlege die Szene, in der Elia dem Ahab die Dürre voraussagt, auf das im Baalstempel gefeierte Neujahrsfest, an dem der Baalsmythos dargestellt wurde: Baal kommt im Regen auf die Erde, wird in der Trockenzeit vom Totengott Mot in der Unterwelt festgehalten, erstarkt durch das Opferblut, erschlägt mit Hilfe seiner Schwester Anat Mot und fällt nach seiner Auferstehung wieder im Regen auf die Erde. (Siehe dazu auch meine Geschichte »Jahreslauf und Fruchtbarkeit« in Neidhart/Eggenberger Erzählbuch zur Bibel, Kaufmann/Benziger, Seite 131!) In der vorliegenden Erzählung ersetze ich der Einfachheit halber die Göttin Anat durch Aschera.
1. Könige 16,32 und 2. Könige 10,23 ff erwähnen einen *Baalstempel*, den Ahab in Samaria hatte bauen lassen. Wenn auch bei den dortigen Ausgrabungen keine Überreste eines dem tyrischen Baal geweihten Tempels gefunden wurden, kann man doch annehmen, daß sich dieser Tempel nicht von ähnlichen Bauten anderswo unterschied. Der Altar stand im heiligen Bezirk vor dem kleinen Tempelgebäude, das aus zwei Teilen – dem Heiligen und dem Allerheiligsten – bestand. Im Allerheiligsten befand sich nach 2. Könige 10,26 die Statue oder das Bild der Gottheit.

Baal-Tanz-Elia sagt: „Kein Regen"

*Erzählung*

Der Baalstempel in Samaria ist nicht groß. Aber der Steinaltar vor dem Tempel ist so hoch wie ein Feigenbaum, und der Platz, auf dem Tempel und Altar stehen, bietet Platz für Hunderte von Menschen, wenn sie eng beieinander stehen.
Die Trockenzeit ist zu Ende. Das Gras auf den Weiden ist verdorrt. Der Boden ist rissig. Noch brennt die Sonne heiß vom Himmel. Aber im Westen, über dem Meer, türmen sich die ersten Wolken.
Heute ist Neujahrsfest. Von weit her kommen Bauern und Hirten, Handwerker und Kaufleute nach Samaria. Die Menschen drängen sich auf den Platz vor dem Tempel. Die Priester des Baal tragen lange weiße Kutten, und auf den Köpfen haben sie spitze Hüte. Ein Teil der Priester steht neben dem Tempel. Sie halten Musikinstrumente in den Händen: Hörner, Trompeten, Trommeln, Zimbeln und Pauken. Andere Priester sind Sänger. Sie haben sich zu einem großen Chor aufgestellt. Wieder andere sind Tänzer. Vor dem Altar stehen Stühle. Es sind die Ehrenplätze für die höchsten Priester, für König Ahab und Königin Isebel. Isebel hat ihren roten

Mantel mit den goldenen Borten an. Ihre Augenränder sind schwarzblau, und ihr Mund ist feuerrot geschminkt.
Als die Sonne den höchsten Stand erreicht hat, beginnt das Fest.
Eine Trommel fängt leise an zu wirbeln. Der Chor singt ein Loblied auf den Gott Baal.
Da kommt ein Priester aus dem Tempel. Er trägt einen Hut, der wie ein umgekehrter Trichter aussieht. Um die Lenden hat er sich ein Tuch geschlungen. In der rechten Hand hält er eine Keule, in der linken einen Spieß. Der Priester hat einen schönen Körper und kräftige Muskeln.
Der Priester stellt den Gott Baal dar. Seine Keule bedeutet den Donner, sein Spieß den Blitz.
Baal fängt an, vor dem Altar zu tanzen. Die Musik bläst den Takt. Die andern Priester tanzen mit. Sie hüpfen. Sie verbeugen sich. Sie bewegen die Arme. Es ist ein uralter Tanz. Jetzt schwingt Baal seine Keule. Da ertönt die Pauke. Das tönt wie grollender Donner. Immer schneller spielt die Musik. Immer lauter wird das Schlagzeug. Die Menge fängt an, sich im Takt zu bewegen.
»Ba-al!« ruft eine Frau. »Ba-al!«
»Ba-al! Ba-al!« Immer mehr Menschen fallen in den Ruf ein. Bald schreien alle zum Takt der Trommel: »Ba-al! Ba-al!«
Da, als der Tanz seinen Höhepunkt erreicht, kommt ein anderer Priester aus dem Tempel. Es ist der Totengott Mot. Drohend geht er mit langsamen Schritten auf den tanzenden Baal zu. Mit einem Male hebt er die Arme.
Die Musik schweigt. Baal stürzt zu Boden. Die Menge schreit auf.
Aus dem Tempel kommt eine Priesterin. Es ist die Göttin Aschera. Sie trägt ein weißes Kleid, und ihre langen schwarzen Haare fallen ihr bis an die Hüften. Ihr Gesicht ist weiß geschminkt.
Langsam tanzt Aschera zum dumpfen Klang der Trommel um ihren toten Gatten Baal herum. Sie fällt vor Mot auf den Boden. Sie ruft: »Gib mir Baal zurück! Laß ihn aus der Unterwelt auferstehen!«
Aber Mot gibt Baal nicht frei.
Da ruft ein Priester vom Altar: »Wir wollen Baal Opfer bringen! Das Blut der Opfer, das in die Erde dringt, soll dem Baal neue Lebenskraft geben!«
Da bringen die Männer aus dem Volk ihre Opfertiere zum Altar: Stiere, Schafe und Ziegen. Die Priester schlachten die Tiere. Sie fangen das Blut in silbernen Schalen auf und schütten es um den Altar. Sie verbrennen das Fett und die Eingeweide auf dem Altar.
Und während das Opferblut den Boden tränkt, steht der Priester, der den Baal darstellt, langsam auf.

»Unsere Opfer habe ihm neues Leben gegeben!« ruft die Menge.
»Baal ist auferstanden!« singen die Priester.
»Bring unseren Feldern Regen, damit sie Frucht tragen!« beten die Bauern.
Mit einem Male tönt in das Gemurmel der Beter eine schneidende Stimme: »Es wird nicht regnen!«
Die Stimme kommt vom Ölbaum her, der außerhalb des Tempelplatzes steht. Eine Gestalt lehnt sich an den Baumstamm. Niemand hat sie kommen sehen. Niemand hat sie gehört.
Der Mann hat schwarzes Haar und einen Bart. Ein zottiges Fell ist sein Kleid. Darüber trägt er einen hellen Wollmantel.
König Ahab springt auf. Sein Sessel fällt zu Boden.
»Elia!« ruft er.
»Du hast recht, König Ahab«, ruft der Mann. »Ich bin Elia. Weißt du noch, was ich damals, als wir uns am Jordan unten gesehen haben, zu deinem Vater gesagt habe? Ich habe zu ihm gesagt: Das Volk Israel hat Gottes Weg verlassen. Die Bauern beten am Morgen zu Gott. Und am Mittag beten sie zum Götzen Baal. Und am Abend hüpfen sie um den Altar der Göttin Aschera. Ich bin wohl noch der einzige im ganzen Land, der auf Jahwes Seite steht. Überall im Land verfallen die Altäre unseres Gottes, der uns aus Ägypten herausgeführt und uns dieses Land gegeben hat. Dafür steht bald auf jedem Hügel ein Altar für Baal. Und wie ich sehe, hast du dem Baal sogar noch einen Tempel und einen Altar in der Hauptstadt bauen lassen.«
»Ich hab ihn bauen lassen!«
Isebel springt auf. Ihr Gesicht ist rot vor Zorn.
»Ich hab ihn bauen lassen!« ruft sie. »Weil Baal der Gott des Regens und des Wachstums ist. Er wird das Volk Israel mit grünen Weiden und reicher Ernte segnen. Und wenn du, du Pelzaffe, nicht sofort verschwindest, dann laß ich dich auspeitschen und ins Gefängnis werfen!«
Elia bleibt unter dem Baum stehen.
»Ich habe eine Botschaft für König Ahab«, sagt er. »Eine Botschaft Jahwes, des Gottes Israels. Und die Botschaft heißt: So wahr Jahwe, der Gott Israels, lebt, es wird in diesem Jahr, und es wird im nächsten Jahr und alle folgenden Jahre nicht regnen, bis Jahwe dem Regen wieder befiehlt, auf die Erde zu fallen.«
»Packt ihn!« ruft Isebel den Soldaten zu.
»Los, packt ihn!« schreit Ahab.
Die Soldaten rennen zum Olivenbaum.
Aber bevor sie dort sind, ist Elia verschwunden.
Erschrocken stehen die Menschen da.

»Laß regnen, Baal!« ruft ein Priester.
Aber die Menge stimmt nicht in den Ruf ein. Die Menschen gehen auseinander. Sie gehen nach Hause und warten auf Regen. Aber die Wolken über dem Meer verziehen sich wieder. Der Winter vergeht, und kein Tropfen Regen fällt vom Himmel.

*

Ahab und Isebel stehen am Fenster und schauen auf den Platz vor ihrem Palast. Aus dem Stall, der rechts vom Palast steht, kommen Knechte. Sie führen Pferde über den Platz zum Wasserteich. Über dem Platz flimmert die Luft. Es ist drückend heiß. Staub wirbelt auf.
Neben dem Wasserteich ist eine Tränke. Die Knechte holen mit Ledersäkken Wasser aus dem Teich und füllen die Tränke. Die Tiere trinken.
»Der Teich ist nur noch halb voll«, sagt Ahab. »Wenn es nicht bald regnet, versiegt die Quelle.«
»Brot, Gemüse und Früchte werden jeden Tag teurer«, sagt Isebel. »Ein kleiner Krug Mehl kostet in Samaria fast soviel wie ein Festkleid.«
Ahab beißt sich auf die Lippen.
»Wir hätten den Baalstempel nicht bauen sollen«, sagt er. »Er hat uns nur Unglück gebracht.«
Isebel schießt vor Zorn das Blut in den Kopf.
»Nicht Baal ist schuld!« zischt sie. »Elia ist schuld. Er hat uns das Neujahrsfest verdorben. Er hat gelästert. Er hat Baal beleidigt.«
Isebel dreht sich vom Fenster weg. In der Ecke des Zimmers steht die Statue des Baal.
»Baal ist zornig«, sagt Isebel. »Und weil er zornig ist, läßt er nicht regnen.«
Ahab seufzt. »Was sollen wir tun?« fragt er.
Isebel setzt sich an ihren Schminktisch.
»Wir müssen Baal besänftigen«, sagt sie. »Wir müssen Elia verhaften. Wir müssen ihn ins Gefängnis werfen und töten. Erst dann wird Baal wieder regnen lassen.«
»Elia ist bei vielen im Volk beliebt«, sagt Ahab.
»Ach was«, antwortet Isebel. »Nur ein paar wenige laufen ihm nach. Verrückte Nomaden. Und eine Schar noch verrücktere Prophetenjünger. Sie haben in Bethel und an andern Orten Häuser. Dort treffen sie sich, opfern ihrem Gott Jahwe und sagen, daß es in Israel außer Jahwe keinen andern Gott geben darf. Wenn das keine Narren sind! In allen Städten und in allen Ländern auf der Erde gibt es verschiedene Götter, und überall beten die Menschen zu mehr als einem Gott und zu mehr als einer Göttin. Warum sollte es dann in Israel nur einen einzigen Gott geben?«

Isebel öffnet ihre Schminkdose. Mit einem Pinsel malt sie sich die Augenränder an.
»Gib mir die Erlaubnis, Elia verhaften zu lassen«, sagt sie.
»Wird es dann regnen?« fragt Ahab.
»Es wird regnen«, antwortet Isebel.
»Mach, was du willst!« sagt Ahab.

*

Isebel läßt Obadja zu sich kommen.
»Ich befehle im Namen des Königs«, sagt sie, »daß die Soldaten des Königs den Elia im ganzen Land suchen sollen! Und ich befehle weiter, daß in allen Dörfern und Städten Boten ausrufen: Befehl vom König! Wer weiß, wo Elia ist, soll das sofort melden. Und wer den Elia in den Palast des Königs bringt, der bekommt als Belohnung einen Acker oder eine Herde Schafe oder einen Beutel Silber. Aber wenn Elia nicht gefunden wird bis zum nächsten Neumond, dann lasse ich alle Jahweanhänger und alle Prophetenschüler im ganzen Land verhaften und hinrichten.«
Obadja erschrickt.
»Das ist doch nicht recht!« sagt er.
»Schweig!« ruft Isebel. »Was recht ist und was nicht recht ist, sage ich. Nimm dich in acht, Obadja! Du bist zwar ein Jugendfreund des Königs. Aber du bist auch ein Jahweanhänger. Und ich brauche dem Ahab nur etwas ins Ohr zu flüstern, und schon bist du statt Palastvorsteher Gefängnisinsasse.«
Obadja verneigt sich vor Isebel.
»Vor dir hab ich keine Angst!« denkt er. »Aber ich muß die Prophetenschüler warnen. Ich muß ihnen helfen. Vorsichtig muß ich sein. Isebel darf nichts merken.«
Obadja verläßt den Palast. Er geht nach Hause.
»Wo gibt es in Israel einen Mann«, sagt er zu sich, »der nicht zu Baal betet? Einen Mann, mit dem ich reden und der mir helfen kann?«
Obadja denkt nach. Viele Menschen, die er kennt, kommen ihm in den Sinn.
Plötzlich steht er still.
»Jonadab!« sagt er zu sich selber. »Ich gehe zu Jonadab. Der ist ein Freund des Elia. Der weiß bestimmt Rat!«

# Der Widerstand

1. Könige 17,2ff; 19,14.18

*Vorbemerkungen*

Aus 1. Könige 18 übernehme ich schon hier jene Stelle, die davon berichtet, wie Obadja den Jahwepropheten half (Vers 13). Ich stelle mir vor, daß Jonadab für das Versteck sorgte und der Hofmeister die Nahrungsmittel aus den königlichen Vorratshäusern bereitstellte. Daß es am Hof außer Obadja noch andere Baalsverächter gab, zeigte sich ein paar Jahre später bei der Revolution des Jehu.

Obwohl Elia Beziehungen zu den Prophetenschulen und – wie ich annehme – zu den Rechabiten hatte, blieb er für sich, tauchte unerwartet auf, verkündete seine Botschaft, drohte Regierung und Volk und verschwand wieder. Diese Eigenart und seine asketische und kompromißlose Haltung haben ihn vielleicht schon zu Lebzeiten zu einer legendären Gestalt werden lassen. So tragen auch die Erzählungen vom Bach Krith, wo Raben dem Elia Nahrung brachten, und von seinem Aufenthalt bei der Witwe in Sarepta, wo das Mehl im Topf und das Öl im Krug nicht ausgingen und Elia den Knaben auferweckte, starke legendäre Züge. Damit das Wunder nicht einfach als eine einmal geschehene Begebenheit, sondern als jederzeit mögliche Zuwendung Gottes verstanden wird, und um auch das Sagenhafte im ursprünglichen Sinn des Wortes »weitersagen« sichtbar zu machen, lasse ich Jonadab und seine Familie davon erzählen.

*Prophetenschulen* oder Prophetenvereine mit *Prophetenjüngern* – ich verwende lieber das Wort Prophetenschüler – werden uns zum ersten Mal aus der Zeit Samuels überliefert (1. Samuel 19,18ff). Bei den Prophetenschülern handelte es sich um Männer, die in Wohngemeinschaften lebten oder die wenigstens ein gemeinsames Lokal für ihre Versammlungen hatten (2. Könige 6,1) und gemeinsam Mahlzeiten einnahmen (2. Könige 4,38). Von David wissen wir, daß er mit einer Schar Propheten im »Prophetenhause« zu Rama wohnte. 2. Könige 2,3 ff berichtet von Prophetenvereinen in Bethel und Jericho, 2. Könige 4,38 ff von einem solchen Verein in Gilgal. Klösterliche Gemeinschaften in heutigem Sinn waren sie jedoch nicht. Nach 2. Könige 4,1 waren Prophetenschüler verheiratet und besaßen, wenigstens teilweise, einen eigenen Haushalt. Wahrscheinlich waren sie engagierte Jahweverehrer, die sich in einer Zeit gespannter Auseinandersetzungen zwischen Jahwe- und Baalkult, zwischen den alten Rechten und Sitten des Volkes und einem selbstherrlich fremde Unsitten und Gewaltherrschaft einführenden Königtum um eine religiöse Führergestalt scharten und einen starken politischen Einfluß hatten. Jedenfalls ließ Isebel sie verfolgen und töten.

Obadja geht zu Jonadab um Elia zu suchen.
Obadja versteckt Jahwe Propheten

*Erzählung*

Es ist noch Nacht, als Obadja von Samaria ins Jordantal reitet. Der schwarze Himmel ist übersät mit Sternen. Im dürren Laub raschelt es. Ein Schakal schleicht durchs Gebüsch. In der Ferne heult eine Hyäne.
Als es hell wird, erreicht Obadja ein Dorf am Rand der Steppe.
»Habt ihr Nomaden gesehen?« fragt Obadja die Leute. »Nomaden vom Stamm der Rechabiten? Ihr Stammesoberhaupt heißt Jonadab. Er hat eine Adlernase.«
Die Leute weisen Obadja nach Süden.
Obadja reitet talabwärts. Hier sind sonst Sümpfe und Weideland. Aber die Sümpfe sind ausgetrocknet, und das Gras ist verdorrt. Eine Herde Wildziegen sucht Wasser. Die Tiere gehen zum Jordanfluß. Seit Tagen haben sie nichts getrunken. Eine Geiß bleibt zurück. Sie ist am Ende ihrer Kräfte. Am Himmel kreist ein Geier.
Gegen Abend findet Obadja das kleine Zeltdorf der Rechabiten. Zwischen den Zelten spielen Kinder. Frauen und Mädchen sitzen im Kreis, spinnen Wolle und singen ein altes Lied:

»Gott ist unsre Zuflucht und Stärke,
als mächtige Hilfe bewährt in Nöten.
Drum fürchten wir nichts,
wenngleich die Erde sich wandelt
und die Berge taumeln
in die Tiefe des Meeres.
Mögen tosen, mögen schäumen seine Wogen,
die Berge zittern bei seinem Aufruhr:
der Herr der Heerscharen ist mit uns,
eine Burg ist uns der Gott Jakobs.« (Psalm 46,2–4)

Jonadab kommt aus einem der Zelte.
»Ich bin Obadja, der Hofmeister des Königs«, sagt Obadja.
»Ich kenn dich«, antwortet Jonadab. »Vor vielen Jahren hab ich dich gesehen. Am Jordan, als du mit Omri und Ahab in den Krieg gegen Benhadad gezogen bist.«
»Ich suche den Elia«, sagt Obadja. »Weißt du, wo er ist?«
»Bis vor etwa einem Monat hatte er sich in einer Schlucht am Bach Krith versteckt«, sagt Jonadab und zeigt mit der Hand auf die andere Seite des Jordantals.
»Hat er denn zu essen gehabt in dieser Steinwüste?« fragt Obadja.
»Meinst du, Gott läßt einen seiner Diener verhungern?« sagt Jonadab.
Ein Mädchen aus dem Kreis der Frauen ruft: »Die Leute im Ostjordan-

land erzählen sich, daß Raben, die ihre Jungen fütterten, auch dem Elia Brot gebracht haben.«

»Vielleicht hat er auch noch an einem versteckten Ort Beeren gefunden«, sagt Jonadab.

»Oder eine Wildgeiß erlegt!« sagt Obadja.

Jonadab zuckt die Schultern.

»Gott hat ihn jedenfalls nicht verhungern lassen«, sagt er.

»Und wo ist Elia jetzt?« fragt Obadja.

»Als der Bach Krith kein Wasser mehr hatte«, sagt Jonadab, »ist er ins Ausland gegangen. Nach Sarepta. Das ist eine Stadt, die zu Tyrus gehört. Zum Land, wo der Vater der Isebel König ist.«

Jonadab lacht. »Isebel sucht den Elia überall«, sagt er. »Aber daß er sich in ihrem eigenen Heimatland versteckt hat, darauf wird sie nie kommen. Ein Freund, der Bekannte in Sarepta hat, hat mir erzählt, daß Elia bei einer Witwe wohnt.«

»Er hat ihren Sohn von einer schweren Krankheit geheilt!« ruft das Mädchen.

»Komm ins Zelt«, sagt Jonadab zu Obadja. »Iß Brot mit mir. Und trink Wasser.«

Sie gehen ins Zelt. Sie sitzen auf dem Boden. Habazinja, der älteste Sohn von Jonadab, bringt Wasser und Brot. Er ist bereits ein junger Mann. Er setzt sich zu seinem Vater und zu Obadja.

»Ihr seid die einzigen, zu denen ich Vertrauen habe«, sagt Obadja. »Weil du und deine Familie noch nicht zum Götzen Baal beten, bin ich zu euch gekommen. Ich brauche euren Rat.«

»Da täuschst du dich«, antwortet Jonadab. »Auch Elia sagt immer: Ich bin der einzige, der noch für Jahwe kämpft. Aber ich weiß es besser. Es gibt in Israel noch viele, die auf Jahwes Seite stehen.«

»Isebel will alle Prophetenschüler töten«, sagt Obadja. »Wenn du mir hilfst, können wir ein paar retten.«

»Ich kenne ein gutes Versteck!« sagt Habazinja. »Zwei Höhlen am Berg Karmel. Sie liegen im Wald, und man muß durch tiefe Schluchten gehen, um sie zu finden. In jeder Höhle haben gut fünfzig Menschen Platz.«

»Kannst du die Prophetenschüler von Bethel in die Höhle bringen, Habazinja?« fragt Obadja. »Aber es muß geheim bleiben. Niemand darf etwas merken.«

Habazinja nickt.

»Ich gehe morgen nach Bethel«, sagt Obadja. »Ich will mit den Prophetenschülern die Flucht besprechen.«

»Und wovon leben sie, wenn sie in den Höhlen am Berg Karmel sind?« fragt Jonadab.

»In den Vorratshäusern des Königs hat es genug Weizen und Gerste«, sagt Obadja. »Wenn die Baalspriester jeden Tag ihr Brot bekommen, dann haben auch die Prophetenschüler, die zu Jahwe halten, ein Recht darauf.«
»Aber wie willst du den Weizen und die Gerste von Samaria in die Höhlen bringen?« fragt Jonadab.
»Wir müssen es heimlich tun«, sagt Obadja. »Wenn Isebel etwas merkt, dann läßt sie uns alle umbringen. Aber wir müssen es versuchen. Ich habe in Samaria einen guten Freund. Er ist Bäcker und heißt Usia. Er wird uns helfen.«
»Auch ich kenne viele, die uns helfen werden«, sagt Jonadab.
»Wenn es geheim bleiben muß, dann brauchen wir ein Kennwort«, sagt Habazinja. »Jeder, der mithilft, muß das Kennwort wissen.«
Die drei Männer denken nach.
Draußen singen die Frauen:

»Gott ist unsere Zuflucht und Stärke,
als mächtige Hilfe bewährt in Nöten.
Drum fürchten wir nichts...«

»Nehmen wir doch den Anfang des Liedes, das die Frauen singen, als Kennwort«, sagt Jonadab. »Gott ist unsere Zuflucht und Stärke! Und jetzt, Obadja, wollen wir alle Einzelheiten der Flucht und der Nahrung für die Prophetenschüler besprechen.«

*

Ein paar Wochen später, an einem Nachmittag.
In den schmalen Gassen von Samaria drängen sich die Menschen. Eine Frau holt beim Töpfer Ersatz für ihren zerbrochenen Wasserkrug. Sie feilscht um den Preis. Ihre Stimme ist laut und kreischend. Ein Sperlingsverkäufer hockt neben seinem Käfig. Im Käfig flattern drei Spatzen. Der Sperlingsverkäufer will nach Hause. Er hat Hunger. »Drei Spatzen für den Preis von zwei Spatzen!« ruft er.
Zwei Gassenjungen haben dem Töpfer einen Klumpen Lehm weggenommen. Sie werfen sich den Klumpen über die Köpfe der Menge hinweg zu. Der Klumpen verfehlt sein Ziel und – platsch! fällt er auf einen der Feigenkuchen, die ein Händler an einem Stand feilbietet. Der Händler flucht. Er rennt hinter den Buben her. Aber die beiden sind schneller. Sie tauchen in der Menge unter.
Vom Stadttor kommt ein Hirtenbub die Gasse herauf. An einem Strick zerrt er ein Schaf hinter sich her. Er biegt in die Bäckergasse ein. Er kommt vor das Backhaus des Bäckers Usia. Es schmeckt nach frischem warmem Brot. Usia bäckt für den Königshof Weißbrot, Schwarzbrot und Kuchen. Seine Spezialität sind Schaffleischpasteten.

Der Hirtenbub bindet das Schaf vor der Backstube an.
»Da ist das Schaf, das du bestellt hast, Bäcker Usia«, ruft er in die Backstube hinein. »Mein Vater läßt dich grüßen, und du sollst mir das Geld gleich mitgeben.«
Der Bäcker wischt sich den Teig von den Fingern und kommt zur Tür.
»Gott ist unsere Zuflucht und Stärke!« flüstert der Bub.
Usia holt das Geld. Als er es dem Knaben in die Hand legt, sagt er leise: »In der Nacht vor dem nächsten Neumond! Zwanzig Schritte neben dem zehnten Turm gegen Sonnenuntergang. Das Haus an der Stadtmauer ist unbewohnt. Wiederhol!«
»In der Nacht vor dem nächsten Neumond!« flüstert der Hirtenbub. »Zwanzig Schritte neben dem zehnten Turm gegen Sonnenuntergang. Das Haus an der Stadtmauer ist unbewohnt.«
»Grüß deinen Vater!« sagt der Bäcker laut. »Und nächste Woche brauch ich wieder ein Schaf!«
Der Bub rennt die Gasse hinunter, dem Stadttor zu.

*

Es ist Nacht.
Zwei junge Männer schleichen an der Stadtmauer von Samaria entlang.
»Das ist der zehnte Turm, Ephraim!« flüstert Habazinja.
Ephraim tastet die Mauer ab. »Hier hängt eine Strickleiter!« sagt er.
Einer nach dem andern steigt nach oben. Sie ziehen die Leiter herauf, lassen sie auf der andern Seite hinunter und steigen in die Stadt. Die Stadt liegt still in der Dunkelheit.
»Wir sind auf dem Dach eines Hauses«, sagt Ephraim.
»Das Haus ist unbewohnt«, sagt Habazinja.
Eine Treppe führt vom Dach auf die Gasse. Ephraim stößt die Holztüre auf. Sie ist nicht verschlossen.
Da hört man Schritte.
»Die Wache kommt die Gasse herunter!« flüstert Habazinja.
Die beiden schlüpfen ins Haus und schieben die Türe zu. Die Türe knarrt.
Im Haus riecht es modrig. In einer Ecke raschelt es. Mäuse huschen über den Lehmboden.
Die Wachsoldaten kommen am Haus vorbei.
»Hoffentlich sehen sie die Leiter nicht!« sagt Ephraim.
»Gott ist unsere Zuflucht und Stärke!« sagt Habazinja.
Die Schritte der Wache verhallen unten in der Gasse.
Habazinja und Ephraim tasten sich durch den Raum.
»Hier sind Säcke!« sagt Ephraim. »Es ist Korn darin. Es sind – wart mal – achtzehn, neunzehn, zwanzig kleine Säcke!«

Vorsichtig tragen sie die Säcke auf das Hausdach. Dann steigt Habazinja auf die Mauer, läßt ein Seil hinunter, und Ephraim bindet einen Sack fest. Habazinja zieht den Sack auf die Mauer.
Als alle Säcke oben sind, kommt Ephraim nach. Er steigt auf der andern Seite hinunter, und Habazinja seilt die Säcke ab. Dann tragen sie die Säcke den Abhang hinunter.
Unten am Stadthügel warten in einem Gebüsch vier Männer mit zehn Maultieren. Sie laden die Säcke auf die Maultiere.
»Es hat alles geklappt, Vater«, sagt Habazinja. »Niemand hat etwas gemerkt.«
Jonadab lacht leise.
»Obadja ist zuverlässig«, sagt er.
Die Männer führen die Esel an einen versteckten Brunnen. Aus der Tiefe holen sie Wasser und füllen es in Ledersäcke. Dann wandern sie weiter, dem Berg Karmel zu. Als es Tag wird, verstecken sie sich.
In der nächsten Nacht erreichen sie die erste Höhle. Fünfzig Prophetenschüler halten sich in ihr versteckt. Jonadab und seine Begleiter laden die Hälfte der Mehlsäcke und Wasserschläuche ab.
»Ein Geschenk von der Königin Isebel!« sagt Jonadab.
Alle lachen.
»Der Hofmeister Obadja ist Gold wert«, sagt Habazinja.

## Elia und Ahab

1. Könige 18,1–20

*Vorbemerkungen*

Das *Pferd* wurde bei den Israeliten in erster Linie zum Ziehen der Streitwagen verwendet. Wurde es geritten, so diente eine mit einem Gurt befestigte Decke als Sattel. Steigbügel und Hufbeschläge waren nicht gebräuchlich. Nach Sacharja 14,20 konnten Pferde Schellen tragen, und in seinen Visionen sieht der gleiche Prophet rotbraune, fuchsrote, weiße (1,8), rote, schwarze und gescheckte (6,2.3) Pferde.
*Jesreel* lag am Fuß des Gilboagebirges, das sich als Ausläufer des Gebirges Ephraim von Osten her in die Jesreelebene hineinschiebt. 1. Könige 21,1 wird der Palast Ahabs in Jesreel, der neben dem Weinberg Naboths lag, erwähnt. Nach dem Opfer auf dem Berg Karmel fuhr Ahab geradewegs nach Jesreel (siehe dazu die Erzählung »Die Entscheidung«). Da sich diese Ereignisse zu Beginn der Regenzeit abspielten, muß man annehmen, daß

es sich beim Palast Ahabs um ein Winterhaus handelte. Winterhäuser waren wärmeisolierend gebaut und mit Heizöfen – meist in Form von Holzkohlebecken – ausgerüstet. Der Palast in Samaria hatte ein Fenster mit Balustrade, aus dem die Isebel später hinuntergestürzt wurde. Außerdem erfahren wir aus 2. Könige 9,17, daß es in Jesreel einen Wachtturm gab.

Über *Jehu*, der später die Dynastie stürzte und den ich schon hier als jungen Offizier einführe, siehe die Vorbemerkungen zur Erzählung »Jehu«!

*Erzählung*

Obadja und Jehu helfen den Propheten. Der König + Obadja fragen nach Gras + Wasser. Elia sagt zum König, er soll das Volk auf dem Karmel versammeln

Seit zwei Jahren hat es nicht mehr geregnet.

Jeden Morgen geht die Sonne glutrot am Himmel auf und brennt auf den rissigen, ausgetrockneten Erdboden. In den Ställen der Bauern und in den Ställen des Königs schreien die Tiere. Sie haben Hunger und Durst.

König Ahab und der Hofmeister Obadja gehen vom Palast zu den Stallungen. Am Hoftor stehen Kinder. Sie sind bleich. Sie strecken dem König ihre mageren Hände entgegen.

»Brot!« rufen sie. »Brot!«

Hinter dem König gehen der Stallmeister und ein junger Offizier. Der Stallmeister ist ein derber Mann ohne Manieren. Er bohrt sich in der Nase und spuckt auf den Boden. Der Offizier heißt Jehu. Seine Lippen sind schmal und seine Augen dunkel.

»Brot!« rufen die Kinder vom Hoftor. »Brot!«

Der Stallmeister öffnet das Tor zu den Ställen. Ein scharfer Pferdegeruch schlägt den Männern entgegen.

»Brot!« rufen die Kinder vom Hoftor. »Brot!«

Der Stallmeister schlägt das Tor zu. Im Stall ist es halbdunkel und drükkend heiß. Die Pferde stehen vor leeren Futterkrippen. Fliegen umschwärmen sie in dicken Wolken.

Der König und der Stallmeister gehen voraus. Hinter ihnen folgen Obadja und Jehu. Die Männer gehen von einem Pferd zum andern.

»Die Tiere haben Hunger«, sagt der Stallmeister und spuckt auf den Boden.

»In Samaria haben die Kinder Hunger«, sagt Jehu, der Offizier.

»Der verdammte Elia!« sagt der König.

»Die verdammte Isebel«, sagt Jehu. Er sagt es so leise, daß es niemand hören kann. Nur Obadja hört es.

Die Männer gehen weiter. Sie kommen vorbei an Schimmeln, Rappen, gescheckten und fuchsroten Pferden. Alle sind mager, und ihre Felle haben den Glanz verloren.

»Die Maultiere sind nicht besser dran als die Pferde«, sagt der Stallmeister. »Wenn wir kein Gras bekommen, müssen wir die Hälfte der Tiere schlachten.«
»Es gibt in ganz Israel kein Gras mehr für die Pferde des Königs«, sagt Jehu. »Und es gibt in ganz Israel kein Wasser mehr für sie. Das wenige, das die Bauern noch haben, brauchen sie für sich selber.«
»Für sich selber! Für sich selber!« wettert der Stallmeister und spuckt auf den Boden. »Zuerst kommen die Pferde des Königs. Und dann kommt lange nichts mehr! Wenn die Vögte und die Steuereintreiber oder der Jehu mit seinen Soldaten zu den Bauern gehen und ihnen das klar machen, dann muß kein einziges Pferd in diesem Stall geschlachtet werden.«
Jehu lacht.
»Du redest, wie du es verstehst, Stallmeister«, sagt er. »Die Bauern geben den Vögten und den Soldaten kein Gras. Und wenn wir es ihnen mit Gewalt nehmen, dann gibt es einen Aufstand. Aber wenn der König selber gehen und sie bitten würde, wer weiß, ob sie nicht doch einen versteckten Brunnen wüßten.«
»Jehu hat recht«, sagt Ahab. »Jetzt muß ich selber zu den Leuten gehen und schauen, wie wir zu Gras und Wasser kommen. Und du begleitest mich, Obadja! Stell zwei Pferde bereit, die noch bei Kräften sind, Stallmeister! Morgen früh reiten wir.«
Der König und der Stallmeister gehen hinaus. Obadja nimmt den Jehu am Arm und zerrt ihn in eine Ecke.
»Du hast vorher die Königin Isebel gelästert«, sagt er leise. »Du hast gesagt: die verdammte Isebel!«
Jehu erschrickt.
»Ich...« stottert er. »Ich... habe...«
»Du hast recht«, sagt Obadja. »Sie ist schuld. Und nicht Elia. Aber es ist nicht klug, so etwas am Hof zu sagen. Auch nicht für dich. Die Wände haben Ohren.«
»Sie verfolgt die Prophetenschüler«, sagt Jehu. »Sie unterdrückt den Glauben an Jahwe. Wer sich ihr widersetzt, den läßt sie ins Loch werfen und umbringen.«
»Nicht alle«, sagt Obadja. »Viele lassen sich nicht erwischen. Und zweimal fünfzig halten sich in Höhlen versteckt. Ich sorge dafür, daß sie nicht verhungern.«
»Machst du das ganz allein?« will Jehu wissen.
»Nein, ich habe Freunde, die mir helfen. Willst du auch mitmachen?«
Jehu denkt nach.
Im Stall wiehert ein Pferd, und die Fliegen summen unaufhörlich.
»Ja, ich will auch mitmachen«, sagt Jehu.

»Wir haben ein Kennwort«, sagt Obadja. »Gott ist unsere Zuflucht und Stärke.«
»Gott ist unsere Zuflucht und Stärke«, wiederholt Jehu.

*

Am andern Morgen, noch bevor die Sonne aufgeht, verlassen Ahab und Obadja Samaria. Ein paar Soldaten begleiten sie.
Dort, wo der Weg nach Osten abbiegt, sagt Ahab zu Obadja: »Ich reite ins Jordantal. Und du in die Ebene Jesreel. Frag in allen Dörfern die Bauern nach Gras und Wasser! Wir treffen uns morgen nach Sonnenuntergang in meinem Winterpalast in der Stadt Jesreel!«
Obadja reitet über das Gebirge nordwärts. Er ist allein. Die Soldaten sind mit dem König ins Jordantal hinuntergestiegen.
Überall, wo Obadja durchkommt, sieht er das gleiche: verdorrte Weiden, ausgetrocknete Brunnen, magere Schafe und kahle Bäume. Er fragt die Bauern und Hirten, denen er begegnet, nach Wasser und Gras. »Der König braucht es für seine Pferde«, sagt er.
Aber die Bauern und Hirten zucken die Achseln. »Wir haben selber zu wenig«, sagen sie. »Wenn es nach diesem Sommer nicht regnet, verhungert unser Vieh. Und wir mit ihm.«
Am Nachmittag des zweiten Tages reitet Obadja vom Gebirge Ephraim in die Ebene Jesreel hinunter. Hier hatte es früher grüne, saftige Wiesen, goldgelbe Kornfelder und Weinberge gegeben, in denen zur Zeit der Lese Winzer und Winzerinnen sangen und tanzten. Jetzt aber sieht das Land wie eine Wüste aus.
Obadja kommt zum Kisonbach. Ein kleines Rinnsal fließt zwischen den Steinen durch. Das Pferd trinkt.
Schon sieht Obadja in der Ferne den Turm von Jesreel. Müde und niedergeschlagen sitzt er auf seinem Pferd, das langsam über den staubigen Weg trottet.
Obadja denkt an das, was die Bauern und Hirten gesagt haben: »Wenn es nach diesem Sommer nicht regnet, verhungern wir alle.«
»Und wenn es nicht regnet?« denkt Obadja. »Wenn alle verhungern? Die Bauern, die Hirten, die Handwerker, die Frauen, die Kinder, die Schafe, die Ziegen, die Pferde? Kann Gott so etwas zulassen? Und Elia? Hat er keine Botschaft von Gott? Wo ist er überhaupt? Warum zeigt er sich nicht?«
Da bleibt auf einmal Obadjas Pferd stehen. Obadja erwacht aus seinen Träumereien. Seine Augen werden groß. Sein Mund öffnet sich. Aber er kann nicht reden. Er springt vom Pferd und geht auf die Gestalt zu, die vor ihm steht.

»Bist du es wirklich, Elia?« ruft er.
»Wer denn sonst!« sagt Elia.
Er steht am Wegrand. Er hat sein zottiges Fellkleid und den hellen Mantel an und stützt sich auf einen Stock.
»Ich hab einen Befehl für dich«, sagt Elia. »Geh sofort zu Ahab! Sag ihm: Der Elia ist da! Er will mit dir reden!«
»Das kannst du mir nicht antun!« ruft Obadja. »Im ganzen Land hat Ahab dich suchen lassen. In alle Dörfer hat er Boten geschickt. Überall haben sie gerufen: Belohnung für den, der sagen kann, wo Elia ist! Aber niemand hat es gewußt. Keiner hat dich gefunden. Und jetzt soll ich zum Ahab gehen und sagen: Komm Ahab, der Elia ist da! Und wenn der König dann kommt, und du bist wieder verschwunden! Weißt du, was er dann in seinem Zorn mit mir machen wird? Umbringen wird er mich!«
Elia bewegt sich nicht. Wie aus Stein gehauen steht er auf seinen Stock gestützt am Wegrand.
»Ich halte doch zu dir, Elia«, sagt Obadja. »Ich habe mitgeholfen, daß sich hundert Prophetenschüler in zwei Höhlen verstecken können. Und ich sorge dafür, daß sie zu essen und zu trinken haben. Stürz mich doch nicht ins Unglück!«
»Gott hat mir befohlen, mich dem Ahab zu zeigen«, sagt Elia. »Ich bleibe hier und warte, bis du mit dem König zurückkommst.«
Da schwingt sich Obadja auf sein Pferd. Er schlägt ihm mit der flachen Hand auf die Flanken. Das Pferd trabt über die Ebene Jesreel.
Bald erreicht Obadja die Stadt. Er reitet die Straße zum Tor hinauf. Auf beiden Seiten der Straße sind große Weinberge.
Neben dem Tor steht der Turm. Die Hufe des Pferdes hallen im Stadttor. Obadja lenkt das Pferd in den Hof des Palastes. Auf dem Balkon im ersten Stock steht der König.
»Hast du Gras gefunden?« ruft er dem Obadja zu.
«Nein! Aber den Elia habe ich gefunden. Er will mit dir reden. Er wartet auf dich.«
Ahab verschwindet im Palast. Wenig später eilt er die Freitreppe in den Hof hinunter. Er ruft nach einem Pferd. Dann reiten sie zur Stadt hinaus. Die Sonne steht schon tief, und die Schatten werden länger.
Schon von weitem sehen sie die dunkle Gestalt im Abendlicht. Elia steht noch immer an der gleichen Stelle und stützt sich auf den Stock.
Ahab schlägt auf sein Pferd ein. Das Pferd galoppiert auf die Gestalt zu.
»Bist du es wirklich?« schreit Ahab. »Du Verderber des ganzen Landes Israel!«
Elia rührt sich nicht.
»Nicht ich habe Israel verdorben«, sagt er. »Sondern du und deine Fami-

lie. Ihr habt Gott verlassen. Ihr seid dem Baal und der Aschera nachgelaufen. Und das Volk hat es euch nachgemacht. Aber jetzt zeigt es sich, wer der Herr des Donners und der Herr des Blitzes und der Herr des Regens und der Gott ist, der Nahrung und Leben gibt. Alle Israeliten sollen heute in einer Woche auf den Berg Karmel kommen!«
Elia zeigt mit der Hand nach Westen. Ein langer Bergzug zieht sich dort von dem Gebirge Ephraim bis zum Meer hin. Über dem Gipfel des Berges steht feuerrot die untergehende Sonne.
»Auch alle Priester des Baal und der Aschera sollen kommen«, sagt Elia. »Und bringt zwei Stiere mit! Und vier Krüge!«
Die Sonne verschwindet hinter dem Berg. Schnell wird es dunkel. Schon funkeln die ersten Sterne am Himmel.
»Und wenn in einer Woche alles Volk und alle Baalspriester auf dem Berg Karmel sind«, fragt der König, »wird es dann wieder regnen?«
Elia gibt keine Antwort.
»Ich hab dich etwas gefragt!« schreit Ahab vom Pferd hinunter in die Dunkelheit. »Ich hab dich gefragt, ob es dann regnen wird.«
Keine Antwort.
»Der Elia ist nicht mehr da, mein König«, sagt Obadja.

## Die Entscheidung

1. Könige 18,21–46

*Vorbemerkungen*

Der *Karmel* (»Baumgarten«) ist ein etwa zwanzig Kilometer langer Bergrücken, der vom Gebirge Ephraim abzweigt und sich in nordwestlicher Richtung zum Mittelmeer erstreckt. Am äußersten Ende ist er 181, am höchsten Punkt 567 Meter hoch. Im Altertum war der Berg mit Fichten, Steineichen, Öl-, Nuß- und Lorbeerbäumen bewaldet und reich an Quellen und Weiden. Schon in kanaanäischer Zeit wurde auf dem Karmel geopfert. Erst in der frühen Königszeit gab es neben dem kanaanäischen Heiligtum auch einen Jahwealtar, der dann – nach der Zerstörung des Baal-Altars bis ungefähr zum Untergang Samarias – alleinige Kultstätte war.
Obwohl der Text in diesem Kapitel von *Baalspropheten* redet, erzähle ich von Baalspriestern, weil ich die Bezeichnung »Prophet« in meinen Erzählungen nur für die Gestalten des Elia, des Amos und des Jesaja verwende. Das hebräische Wort, das mit *Speiseopfer* übersetzt wird, hat in der Bibel

mehrere Bedeutungen. Unter anderem wird es für das Opfer von Weißmehl, das mit einem Brandopfer verbunden war, gebraucht. Nach 2. Mose 29,39 mußten täglich – am Morgen und um die *Abendzeit* – je ein Lamm, dazu etwa $3^{1}/_{2}$ Liter Weißmehl, vermischt mit $1^{1}/_{2}$ Liter Olivenöl, und zusätzlich $1^{1}/_{2}$ Liter Wein geopfert werden. Der heilige Bezirk, den Elia durch den *Graben* ausspart, umfaßt die Fläche, für die man im Akkerbau zwei Scheffel (zirka 24 Liter) Saatgut brauchte. Das sind 1568 Quadratmeter. Ich gebe in der Erzählung dem Elia zur Aushebung des etwa 160 Meter langen Grabens Helfer bei.
Über die uns anstößig vorkommende *Hinrichtung der Baalspriester* schreibt Gerhard von Rad in seiner »Theologie des Alten Testaments«, daß es »keineswegs der Akt einer Rache oder eines Fanatismus war, zu dem sich Elias Leidenschaft hatte hinreißen lassen. Elia hat nur ein vergessenes amphyktionisches Recht praktiziert: Wer andern Göttern opfert, der soll vom Leben zum Tod gebracht werden (2. Mose 22,19).« Ich erwähne die Hinrichtung nur am Rande und lasse Elia sich auf dieses Gesetz berufen.
Ich lasse die Erzählung von der Gotteserscheinung am Horeb (1. Könige 19,1–18) aus, weil es mir bis jetzt nicht gelungen ist, sie in eine Geschichte zu fassen. Die Schwierigkeit liegt in der Interpretation. Normalerweise wird diese Geschichte so erzählt, daß Jahwe dem Elia als ein Gott der Sanftmut entgegentritt. Nach Gerhard von Rad aber ist »die verbreitete Auffassung, die in dem ›stillen, sanften Sausen‹ den Ausdruck einer geläuterten, d.h. einer geistigeren und sittlicheren Gottesauffassung sah, also eine Zurückweisung Elias und seines Eifers, unhaltbar. Sie steht ja im Widerspruch mit dem Auftrag selbst, der von solch milder Geistigkeit gar nichts spüren läßt. Bei einer alttestamentlichen Gotteserscheinung kommt aber alles auf das ergehende Wort an… Will man aber diese Erscheinung Jahwes durchaus auf ihren erlebnismäßigen Gehalt hin befragen, so war die Situation nach dem Vorüberziehen von Sturm, Erdbeben und Feuer und mit dem Hörbarwerden des feinen Wehens gewiß nicht entspannter oder gar freundlicher, sondern vollends unheimlicher geworden…« (von Rad, Theologie des Alten Testaments, Band II, S. 32f). Von der Angst und dem Gefühl der Einsamkeit des Elia, aber auch von denen, die »vor Baal nicht niedergekniet« sind, habe ich bereits in »Der Widerstand« erzählt.

*Erzählung*

Es ist früher Morgen.
Durch den Wald des Berges Karmel tönen Stimmen. Von allen Seiten strömen Menschen zum Bergrücken hinauf: Bauern, Hirten, Händler und

Handwerker. Frauen tragen Kinder in einem Tuch auf dem Rücken. Aus ganz Israel kommen sie: vom Gebirge Ephraim, von den Städten und Dörfern rund um den See Genezareth, aus der Ebene Jesreel und aus der Hauptstadt Samaria.
Unterhalb des höchsten Punktes des Karmelgebirges liegt eine Weide. Rund um die Weide stehen alte Bäume: dunkle Tannen und knorrige Eichen. In der Mitte der Weide steht der große Altar des Gottes Baal. Am Rand, bei den Bäumen, liegt ein Steinhaufen.
Die Menschen lagern sich rund um die Weide. Sie reden miteinander. »Der Elia hat gesagt, wir sollen hierher kommen«, sagen sie.
»Der Elia ist ein unheimlicher Mann«, sagt ein Bauer. Die andern nicken.
Jetzt geht die Sonne auf. Glutrot steigt sie in einen dunstigen, milchigen Himmel. Über dem Berg Karmel liegt eine dumpfe Hitze.
Jetzt ertönt Musik. Auf dem Weg, der von Samaria über den Bergrücken führt, kommt ein Zug Männer in langen weißen Kutten. Auf den Köpfen tragen sie hohe Spitzhüte. Vorne gehen Musikanten. Einer schlägt auf die Handpauke. Ein anderer bläst Trompete.
»Die Priester des Baal und der Aschera kommen!« raunt die Menge.
Hinter den Priestern treiben Knechte zwei prächtige Stiere zum Platz. Sie binden die Tiere an einem Baumstamm fest. Die Stiere schnauben und scharren mit ihren Klauen den Boden auf. Vier Diener tragen jeder einen Krug auf den Platz.
Jetzt kommen Soldaten auf Pferden, und hinter ihnen fährt auf einem Streitwagen König Ahab.
»Der König!« ruft ein Soldat.
Da fallen die Menschen auf die Knie. Mit der Stirn berühren sie den Boden.
Diener stellen ein Zelt am Rand der Weide auf. Sie stecken eine Stange mit einer Flagge in den Boden.
Ahab steigt vom Wagen. Er geht über den Platz und setzt sich auf den Thron, den die Diener im Schatten eines Lorbeerbaumes aufgestellt haben. Ein Sklave fächert ihm kühle Luft zu.
Alle warten auf Elia.
Die Sonne steigt höher. Die Zeit vergeht. Es ist heiß. Ahab schläft auf seinem Thron ein. Er schnarcht.
»Was ist das dort für ein Mann?« ruft ein Mädchen.
Ahab erwacht. Alle schauen zum Waldrand. Unter den Bäumen steht eine Gestalt: ein Mann mit einem zottigen Fellkleid und darüber ein heller Wollmantel.
»Elia!« raunt die Menge.
Elia macht ein paar Schritte vom Schatten ins Licht. Er schaut in die Run-

de. Jedem einzelnen schaut er ins Gesicht. Dann sagt er: »Auf dem Weg hierher hab ich in einem Dorf einen Mann gesehen. Ein armer Mann ist das gewesen. Er hat gehinkt. Aber nicht nur auf einer Seite, sondern auf beiden Seiten. So!«
Wie eine Ente watschelt Elia über die Weide. Ein paar lachen.
»Dieser Mann seid ihr!« ruft Elia. »Ihr alle! Das ganze Volk Israel! Und jetzt sagt mir: Wie lange wollt ihr noch auf beiden Seiten hinken? Einmal zu Jahwe beten! Dann wieder zu Baal! Einmal Jahwe opfern! Dann wieder Baal! Einmal zu Jahwe wallfahrten! Dann wieder zu Baal! Wenn Jahwe der wahre Gott des Volkes Israel ist, dann haltet euch doch an Jahwe! Und wenn Baal der wahre Gott des Volkes Israel ist, dann haltet euch an Baal! Aber für einen von beiden müßt ihr euch entscheiden. Und zwar jetzt! Für welchen entscheidet ihr euch?«
Ganz still ist es auf der Weide. Niemand sagt ein Wort.
»Aha«, sagt Elia, »ihr wißt wohl noch nicht, welcher Gott euer Gott ist? Und ihr wißt auch nicht mehr, welcher Gott euch aus Ägypten geführt und euch dieses Land gegeben hat? Und ihr wißt auch nicht, welcher Gott der Gebieter über die Wolken des Himmels und über den Blitz und über den Donner ist? Aber warten wir ab!«
Elia zeigt auf die beiden Stiere. Er geht zu den Baalpriestern.
»Wählt euch einen von diesen Stieren aus«, sagt er. »Schlachtet ihn, schneidet ihn in Stücke und legt sie auf euren Altar. Dann tut Holz drauf! So viel ihr wollt. Und ich mache das gleiche mit dem andern Ochsen. Und dann ruft ihr den Namen eures Gottes an. Und ich ruf den Namen Jahwes an. Und der Gott, der mit Feuer antwortet, so daß das Opfer auf dem Altar verbrennt – das ist dann der Gott, der Donner und Regen, Fruchtbarkeit und Leben schenkt.«
Noch immer schweigen die Leute. Ein paar nicken. Einer ruft: »Das ist gut, so machen wir es!«
Plötzlich reden alle durcheinander.
»Ja!« – »Elia hat recht!« – »Fangt an!«
Die Priester holen im Wald dürres Holz. Sie gehen um die Stiere herum. Sie prüfen, welcher der stattlichere ist. Sie wählen einen aus. Sie schlachten ihn. Sie sammeln das Blut in Kessel. Sie schneiden den Ochsen in Stücke. Sie legen das Holz und die Fleischstücke auf den Altar. Sie schütten das Blut an den Altar. Das Blut tropft über die Steine und versickert im trokkenen Boden.
Die Priester beten. Würdig und mit großem Ernst beten sie zu Baal.
»Erhöre uns, Baal!« sagen sie. »Herr des Himmels, Herr des Regens, Herr des Donners, Herr des Blitzes, erhöre uns!«
Ihre weißen Mäntel leuchten in der Sonne.

»Baal, erhöre uns!« beten sie.
Jetzt fangen die Musikanten leise an zu spielen. Dumpf tönt die Pauke, langgezogen ist der Ton der Trompete. Die Priester bewegen ihre Körper vor- und rückwärts. »Ba-al!« rufen sie. »Ba-al!«
Jetzt fangen sie an, im Takt zu tanzen. Sie tanzen um den Altar herum. Die Sonne steigt höher. Es ist Mittag.
Elia steht am Waldrand neben dem Steinhaufen. »Tanzen«, denkt er. »Hüpfen. Sich verrenken. Als wenn Gott sich so finden ließe!«
»Vielleicht ist Baal auf Reisen gegangen«, ruft er den Priestern zu. »Oder er schläft gerade. Ruft doch lauter, damit er wach wird!«
Pauke und Trompete werden lauter und lauter. Die Männer und die Frauen und die Kinder fangen an, sich im Takt zu bewegen. Ihre Körper gehen vorwärts und rückwärts. Ein paar der Priester haben plötzlich Messer in den Händen. Sie ritzen sich die Haut auf. Blut tropft von ihren Armen auf die weißen Kleider. Da ergreift es die Menge wie ein Rausch. Ihre Gesichter sind verzückt, ihre Augen starr. Ein paar machen Luftsprünge. Andere reißen sich die Kleider vom Leib. »Ba-al!« schreien sie.
Andere wälzen sich am Boden und stöhnen: »Ba-al!«
Aber es passiert nichts. Der Altar steht da wie vorher. Kein Zeichen. Keine Antwort.
Jetzt wird die Musik langsamer und leiser. Die Priester sind müde. Einer nach dem andern setzt sich erschöpft auf den Boden.
»Das ist einmal ein Jahwealtar gewesen!« sagt Elia und zeigt auf den Steinhaufen. »Ihr habt ihn niedergerissen!«
Elia bückt sich. Er nimmt vier große Quadersteine vom Haufen und legt sie zu einem Viereck nebeneinander. Dann nimmt er nochmals vier Steine und legt sie auf die andern. Zuletzt legt er vier weitere Steine obendrauf. Ein kleiner Altar aus zwölf Steinen steht da.
Jetzt zieht Elia mit seinem Stock einen Graben um den Altar. Einige Männer helfen ihm dabei. Er schichtet Holz auf den Altar, schlachtet den Stier, schneidet sein Fleisch in Stücke und legt sie auf die Steine. Er ruft ein paar Männer zu sich.
»Im Wald gibt es noch einen Tümpel«, sagt er. »Dreihundert Schritte von hier; dort, wo die Schlucht anfängt. Nehmt die Krüge und holt Wasser!«
Die Männer holen Wasser.
»Leert das Wasser über das Fleisch und das Holz!« befiehlt Elia. »Und füllt auch den Graben mit Wasser!«
Die Männer schütteln den Kopf. Einer sagt leise: »Der spinnt!« Aber sie tun, was Elia sagt.
Das Wasser läuft über das Holz und die Fleischstücke. Es tropft an den Steinen hinunter. Es läuft in den Graben. Die heißen Steine dampfen.

»Füllt die Krüge nochmals mit Wasser!« befiehlt Elia.
Die Männer holen zum zweiten Mal Wasser. Sie leeren das Wasser über den Altar und in den Graben.
»Holt noch einmal Wasser!« sagt Elia.
»Aber das ist doch...«
»Macht, was ich sage!«
Murrend füllen die Männer die Krüge zum dritten Mal und schütten das Wasser über den Altar. Jetzt schaut Elia zum Himmel.
»Herr!« betet er. »Zeig jetzt, daß du der Gott in Israel bist und daß ich dein Diener bin.«
Heiß brennt die Nachmittagssonne herunter. Der milchige Dunst ist dichter geworden. Eine drückende Schwüle liegt über dem Berg Karmel.
»Hör mein Gebet, Herr!« sagt Elia. »Dieses untreue Volk soll endlich merken, daß du der Gott Israels bist!«
Die Menge starrt auf den Altar und hält den Atem an. Minuten vergehen. Nichts passiert.
Da wird es dem Volk langweilig.
»Wenn er wenigstens tanzen würde!« ruft eine Frau. Ein paar lachen.
Da! Etwas Helles! Ist es ein Blitz? Ein Wetterleuchten? Aus dem Altar schießen Flammen. Rauch wälzt sich über die Weide. Das Opfer brennt. Frauen kreischen. Kinder schreien. Männer stammeln Gebete. »Jahwe ist der Herr!« sagen sie. »Jahwe ist der Herr!«
»Packt die Baalpriester!« sagt Elia. »Es gibt ein altes Gesetz in Israel. Es heißt: Wer andern Göttern opfert, der soll vom Leben zum Tod gebracht werden!«
Elia geht zum König. Ahab ist bleich. Elia wird ihm immer unheimlicher.
»Ich brauch einen deiner Diener«, sagt Elia.
Ahab nickt.
»Er bringt dir bald eine Botschaft«, sagt Elia. »In der Zwischenzeit kannst du essen und trinken. Aber mach schnell! Ich höre in meinen Ohren schon den Regen rauschen!«
Elia steigt mit dem Diener auf den Grat des Karmelgebirges. In der Nähe einer Tanne bleibt er stehen.
»Ich warte hier und bete«, sagt er zum Diener. »Dort vorne ist ein Felsvorsprung. Von dort kannst du das Meer sehen. Geh und beobachte den Himmel!«
Der Diener geht zum Felsvorsprung. Nach einer Weile kommt er zurück. Elia kauert am Boden. Er hat das Gesicht zwischen den Knien.
»Verzeihung, Herr!« sagt der Diener. »Aber ich habe nichts gesehen. Nur den Himmel und das Meer.«
Elia schaut auf. »Geh zurück!« sagt er. »Beobachte weiter!«

Nach einer Weile kommt der Diener wieder zu Elia. »Die Sonne steht schon tief«, sagt er. »Aber ich sehe immer noch nichts. Nur Wasser und Himmel.«
»Schau noch einmal!« sagt Elia.
Wieder geht der Diener zum Felsvorsprung. Wieder kommt er zu Elia. Wieder hat er nichts gesehen. Da endlich rennt er aufgeregt auf Elia zu. »Eine kleine Wolke!« ruft er. »Über dem Meer! Nicht größer als meine Hand!«
Elia lacht freudig.
»Renn zum König!« befiehlt er. »Sag ihm: Spann die Pferde vor den Wagen! Fahr nach Jesreel! Aber mach schnell, damit du nicht im Wasser stekken bleibst!«
Schon schiebt sich eine dunkle Wolkenwand vom Meer her dem Land zu. Die Sonne verschwindet. Ein schwarzer Vogel schwebt lautlos über dem Wald. In den Eichen fängt es an zu rauschen. Vergilbte Blätter hüpfen vom Wald auf die Wiese. Ein warmer Windstoß wirbelt eine Staubwolke auf. Das Zelt des Königs bläht sich auf. Der Wimpel knattert im Wind. Ein Blitz zuckt. Donner grollt in der Ferne. Es wird immer dunkler.
Hastig rafft das Volk die Reste des Essens zusammen und stiebt auseinander. Ahab läßt anspannen. Er schwingt sich auf seinen Streitwagen. Schwer fallen die ersten Tropfen vom Himmel. Der Boden dampft. Es riecht nach Erde und Laub.
Ahab treibt seine Pferde an. Aber schon wird der Weg zum Bach. Von allen Seiten strömt das Wasser herbei und wälzt sich talwärts. Es regnet jetzt so stark, daß man keine zwanzig Schritte weit sehen kann. Ahabs Haare und Kleider sind tropfnaß. Das Wasser läuft ihm in die Stiefel. Die Räder des Streitwagens bleiben im aufgeweichten Boden stecken. Ahab springt ab, zieht den Wagen heraus und springt wieder auf. Da sieht er durch den Regen eine Gestalt vor sich. Es ist ein Mann. Er hat den Saum seines Mantels bis an den Gürtel hochgezogen und rennt mit nackten Beinen durch die Wasserpfützen vor Ahabs Wagen her.
»Elia!« ruft Ahab.
Ahab fährt hinter Elia her. Jetzt sind sie in der Ebene Jesreel. Das Wasser spritzt an beiden Seiten des Wagens hinauf. Immer ist die dunkle Gestalt vor ihm, halb verschwommen im Regen und in den Dampfschwaden, die über dem Boden liegen.
Ratternd fährt Ahab in den Hof seines Palastes in Jesreel ein.
»Elia!« ruft er.
Aber Elia ist verschwunden.

# Naboths Weinberg

1. Könige 21,1–7

*Vorbemerkungen*

Nach dem Getreide war der Wein das wichtigste landwirtschaftliche Erzeugnis in Israel. Die Pflege des *Weinbergs* und der Reben erforderte viel Arbeit: das Entfernen der Steine, das Umgraben und das Beschneiden der Reben mit dem Winzermesser. Das Weinberglied Jesaja 5 berichtet von der Sorgfalt, mit der der Weinbauer seinen wertvollen Besitz pflegte. Zum Schutz vor wilden Tieren und Dieben umgaben den Weinberg Hecken und Mauern, und von Hütten oder einem Turm aus konnte er Tag und Nacht bewacht werden (Jesaja 1,8; 5,2; Matthäus 21,33). In solchen Türmen und Hütten wurden wohl auch Weinvorräte aufbewahrt (1. Chronik 27,27). Die Weinlese fand ab Mitte September statt. Die Trauben wurden in Keltern gesammelt und der Saft durch beständiges Treten aus ihnen herausgepreßt. Die Lese war von Tanz, Jubel und Gesang begleitet. Der Most wurde in Krüge oder Schläuche (Matthäus 9,17) gefüllt. Psalm 75,9 und Hoheslied 8,2 erwähnen gewürzten Wein (vielleicht zu vergleichen mit dem heutigen »Glühwein« oder dem in Basel noch heute gebrauten »Hypokras«). Ein Weinberg gehörte in Israel – wie aller *Grund und Boden* – nicht einem Einzelnen, sondern der Familie oder dem Stamm, für die er lebensnotwenig war. Darum verbot das Gesetz die Abtretung von Land an Fremde (4. Mose 36,7). Schon in einer Geschichte aus der Zeit Samuels wird davor gewarnt, daß sich der König Land nimmt und seinen Beamten zur Verwaltung gibt (1. Samuel 8,14). Der sich neben dem Familien-Grundbesitz entwickelnde Staats-Grundbesitz mit eigenen Rechten war mit ein Grund für den Protest der Propheten.

*Erzählung*

Prinz Ahasja eilt durch den dunklen Korridor des Palastes von Jesreel auf die Eingangstür zu. Da hält ihn eine Hand am Mantel fest.
»Nimm mich mit auf die Jagd, Bruder!« bettelt eine Stimme.
»Athalja!« Ahasja schüttelt den Kopf. »Ich kann dich nicht mitnehmen«, sagt er. »Du bist ein Mädchen. Der Vater duldet es nicht. Und außerdem jagen wir einen Löwen.«
»Ich weiß«, antwortet Athalja ungeduldig. »Der Löwe ist vom Gebirge in die Ebene hinuntergekommen. Er reißt Schafe und Rinder. Gestern hat er einen Hirten angefallen. Aber ich habe keine Angst vor Löwen. Ich kann mit dem Bogen umgehen. Ich halte es nicht aus, immer zu Hause zu sitzen und auf einen Mann zu warten, den mir mein Vater aussuchen wird.«

»Es gehört sich nicht«, sagt Ahasja. »Und außerdem bin ich nicht allein. Unser Bruder Joram kommt mit. Ich hab ihm versprochen, daß er den Löwen schießen darf.«
»Joram trifft nicht«, sagt Athalja. »Er wird zittern. Er hat Angst. Aber wir zwei haben Mut. Nimm mich auf deinem Streitwagen mit! Bitte!«
Athalja schmiegt sich an ihren Bruder.
»Gut«, sagt Ahasja. »Ich laß die andern vorausfahren. Wenn alle weg sind, kommst du schnell zu meinem Streitwagen, und dann jagen wir ihnen nach. Sorg dafür, daß dich niemand sieht!«
Athalja gibt ihrem Bruder einen Kuß.
Zwei Stunden später stürmt Prinz Joram ins Zimmer seines Vaters.
»Sie ist mitgekommen, ohne dich zu fragen«, ruft er. »Und sie hat ihn mir vor der Nase abgeschossen!«
»Wer ist wohin mitgekommen?« fragt der König. »Und wer hat was abgeschossen?«
»Athalja!« sagt Joram. »Ahasja hat sie auf seinem Wagen mitgenommen. Am Fuß des Gilboagebirges haben wir den Löwen erspäht. Ich habe meinen Bogen gespannt. Aber Athalja ist schneller gewesen. Sie hat Ahasjas Bogen genommen und den Löwen mitten ins Herz getroffen.«
»Die Athalja schlägt mir nach«, sagt Ahab. »Ich bin auch ein guter Schütze.«
»Aber sie hat sich nicht in Männersachen einzumischen«, sagt Joram. Er weint vor Ärger und Zorn.
»Geh in dein Zimmer«, sagt Ahab. »Ich rede mit ihr, sobald sie wieder da ist.«
Gegen Mittag kommen die Jäger nach Hause. Zwei Soldaten tragen den erlegten Löwen an einer Stange.
Auf dem Balkon vor dem Elfenbeinzimmer steht König Ahab.
»Athalja!« befiehlt er. »Komm sofort zu mir herauf!«
Athalja geht in den Palast. Sie kommt ins Elfenbeinzimmer. Es ist der schönste Raum im Palast. An den Wänden hängen Elfenbeinplatten. Eine ist so dicht neben der andern, daß man die Fugen nicht sieht. In die Platten sind Figuren geschnitzt: Löwen, Ziegen, Palmen und Blumen. Im Raum stehen ein dunkler Holztisch und zehn Sessel. Einer der Sessel ist größer als die andern, und seine Armlehnen sind aus geschnitztem Elfenbein. Auf diesem Sessel sitzt Ahab. Neben ihm sitzt Isebel. Athalja bleibt bei der Türe stehen.
»Wieviel mal muß ich dir noch sagen, daß du mit diesen Kindereien aufhören sollst, Athalja!« sagt Ahab. »Du bist jetzt dreizehn Jahre alt. Du bist eine Frau und eine Prinzessin. Und darum sollst du dich auch wie eine Frau und eine Prinzessin benehmen.«

»Es macht mir aber Spaß, im Wagen herumzufahren und zu jagen«, sagt Athalja und fährt mit dem Finger über einen Löwen aus Elfenbein.
»Du wirst bald die Frau eines Kronprinzen werden«, sagt Ahab.
»Ich?« Athalja starrt den Vater an. »Wann? Wo? Und wer hat das große Glück, mich zu seiner Frau zu bekommen?«
»Er heißt Joram«, sagt Ahab.
»Wie mein Bruder? Hoffentlich weint er nicht jedesmal wie unser Joram, wenn etwas nicht nach seinem Willen geht!«
»Athalja, benimm dich!« ruft Isebel.
»Er ist der älteste Sohn vom König Josaphat«, sagt Ahab. »Josaphat ist König von Juda. Ich habe mit ihm einen Bund geschlossen. Wenn uns Feinde überfallen, dann wird Josaphat von Juda uns helfen. Und wenn Feinde Juda angreifen, dann helfen wir ihm. Als Zeichen dieses Bundes zwischen Israel und Juda wirst du den Prinzen Joram heiraten. Dann ist unser Königshaus für alle Zeiten mit dem Königshaus David verbunden.«
»Ist der Prinz Joram hübsch?« fragt Athalja und streicht mit dem Finger über den Rücken eines Ziegenbocks an der Elfenbeinwand.
»Ich denke ja«, sagt Ahab.
»Dann werde ich in Jerusalem wohnen«, sagt Athalja.
»Auf dem Berg Zion«, antwortet Ahab. »Gegenüber dem Jahwetempel. Im Palast, den vor hundertfünfzig Jahren der große König Salomo gebaut hat.«
Athalja rümpft die Nase. »Wenn er hundertfünfzig Jahre alt ist«, sagt sie, »dann ist es bestimmt ein alter Kasten. Ich glaube nicht, daß die so schöne Elfenbeinzimmer haben wie wir.«
»Dafür ist der Palast in Jerusalem groß«, sagt Isebel. »Viel größer als unsere beiden Palästlein in Samaria und Jesreel zusammen. Überhaupt haben alle Könige größere Paläste als wir. In Tyrus, da haben wir um den Palast herum noch einen prächtigen Garten gehabt. Mit Olivenbäumen und Granatapfelbäumen und Gemüsebeeten. Da hatten wir jeden Tag frische Oliven, Granatäpfel und süße Gurken, grüne Bohnen, saftige Melonen und würzige Zwiebeln.«
»Wir haben eben keinen Garten«, sagt Ahab.
»Dann kauf doch einen!« sagt Isebel. »Gleich vor dem Stadttor ist ein prächtiger Weinberg. Er gehört dem Bauern Naboth. Da könnte man einen wunderbaren Garten draus machen mit Olivenbäumen, Granatapfelbäumen, süßen Gurken, grünen Bohnen, saftigen Melonen und würzigen Zwiebeln.«
Ahab steht auf und geht auf den Balkon. Von hier aus sieht er den Weinberg des Naboth. Mitten im Weinberg steht ein Turm aus Stein. Ahab sieht, daß Naboth auf der Bank vor dem Turm sitzt.

»Fast jede Familie«, ruft Isebel aus dem Zimmer, »hat vor dem Haus oder vor der Stadt einen Garten mit Olivenbäumen und Granatapfelbäumen und Gemüsebeeten. Nur wir haben nichts!«

Ahab geht ins Haus. »Meinen Mantel und meine Stiefel!« ruft er. Ein Diener bringt beides. Er zieht Ahab die Stiefel an und hilft ihm in den Mantel. Dann verläßt Ahab den Palast. Er geht über den kleinen Hof und durch das Tor. Die Palastwache grüßt. Ahab geht die Straße hinunter. Er kommt durch das Stadttor, neben dem der Turm steht. Jetzt kommt er zum Weinberg des Naboth. Der Weinberg ist mit einer Mauer umgeben, die ein Tor hat: Das Tor steht offen. Ahab geht in den Weinberg. Zwischen den Reben führt ein Fußweg zum Turm.

Als Naboth den König sieht, steht er auf und verneigt sich. Naboth ist älter als Ahab. Seine Haare sind fast weiß, und seine Haut ist von der Sonne braun gebrannt. »Was verschafft mir die Ehre des Besuchs meines Herrn und Königs?« fragt Naboth. »Ich komme nicht zu dir als Herr und König«, sagt Ahab. »Sondern als dein Nachbar. Komm, wir setzen uns nebeneinander auf die Bank!«

Naboth holt im Turm eine Tonschüssel. Er geht zu einem Rebstock und pflückt Trauben. Dann stellt er die Tonschüssel mit den Trauben neben Ahab auf die Bank.

»Jetzt sind sie am besten«, sagt er. »In ein paar Tagen ist Traubenlese.«

Ahab ißt. Dann fährt er mit dem Handrücken über den Mund und sagt: »Ich bin zu dir gekommen, um mit dir über deinen Weinberg zu reden. Isebel möchte daraus einen Gemüsegarten machen. Mit ein paar Olivenbäumen und Granatapfelbäumen und süßen Gurken, grünen Bohnen, saftigen Melonen und würzigen Zwiebeln.«

Naboth schüttelt den Kopf. »Ich geb den Weinberg nicht her«, sagt er.

»Du brauchst ihn mir nicht zu schenken«, sagt Ahab. »Ich habe auf der andern Seite der Stadt einen wunderbaren Hügel. Den geb ich dir für deinen Weinberg. Oder, wenn du lieber willst, kann ich dir auch Gold und Silber geben.«

Naboth steht auf. Er reißt ein welkendes Blatt von einem Rebstock.

»Ich kann dir den Weinberg nicht geben, mein Herr und König«, sagt er. »Der Weinberg gehört ja nicht mir. Er gehört meiner ganzen Familie. Meinen Söhnen, meinen Schwiegertöchtern und meinen Enkeln.«

Ahab nimmt sich eine zweite Traube aus der Tonschüssel. »Aber du bist doch der Älteste«, sagt er. »Du bist der Gebieter in deiner Familie. Und wenn du mir den Weinberg verkaufst, dann geht das die andern überhaupt nichts an.«

»Unsere Familie lebt von diesem Weinberg«, sagt Naboth. »Vom Wein, den wir verkaufen, kaufen wir Brot.«

»Aber ich geb dir Geld«, sagt Ahab. »Viel Geld. Davon kannst du Brot und Fleisch und Pferde und Wagen kaufen und wie ein Fürst übers Land fahren.«
»Ich will keine Pferde und keine Wagen«, antwortet Naboth.
Jetzt wird Ahab zornig. »Du bist ein Starrkopf, Naboth«, ruft er. »Denk daran: Ich bin der König. Gott hat mich auserwählt. Und darum befehle ich dir in Gottes Namen: verkauf mir deinen Weinberg!«
»Das kannst du nicht befehlen, König Ahab«, sagt Naboth. »Und es gibt auch keinen Gott in Israel, der mir das befiehlt. Im Gegenteil! Es gibt ein altes göttliches Gesetz in Israel. Und es heißt: Was man von seinem Vater geerbt hat, das darf man nicht verkaufen, sondern das muß in der Familie bleiben.«
Ahab springt auf. Mit seiner Faust preßt er die Trauben zusammen. Der Saft läuft ihm zwischen den Fingern durch und tropft auf den Boden. Ohne ein Wort verläßt er Naboth. Er geht die Straße zur Stadt hinauf. Er schleudert die zerquetschte Traube in den Staub. Wütend stampft er über den Palasthof, geht die Treppe hinauf, verschwindet in seinem Schlafzimmer, wirft sich mit Mantel und Stiefeln auf sein Bett und starrt an die Wand.
Beim Nachtessen ist der Sessel des Königs leer.
»Wo ist mein Mann?« fragt Isebel.
»Der König liegt auf seinem Bett und gibt keine Antwort«, sagt der Diener.
»Aber es ist ihm doch hoffentlich nichts passiert!« ruft Isebel.
Der Diener zuckt die Achseln.
Da geht Isebel in das Zimmer des Königs. Ahab liegt noch immer auf dem Bett und rührt sich nicht.
»Bist du krank?« fragt Isebel.
Ahab brummt vor sich hin und starrt an die Wand.
Da setzt sich Isebel auf den Bettrand. »Was ist los, Ahab?« fragt sie.
»Was ist los! Was ist los!« murrt Ahab. »Beim Naboth bin ich gewesen und hab ihn ganz anständig gefragt, ob er mir seinen Weinberg verkauft, damit ich einen Gemüsegarten daraus machen kann. Mit süßen Gurken, grünen Bohnen, saftigen Melonen und frischen Zwiebeln.«
»Und?« fragt Isebel.
»Er hat ihn mir nicht gegeben«, sagt Ahab. »Ich gebe meinen Weinberg niemandem, hat dieser Dickkopf gesagt. Niemandem! Auch nicht dem König von Israel!«
Isebel steht auf. Aufgeregt geht sie im Zimmer umher.
»Bist du eigentlich noch König von Israel, oder bist du ein Waschlappen?« fragt sie. »Getraust du dich denn nicht mehr, etwas zu befehlen?«

»Ich habs ihm ja befohlen!« ruft Ahab und setzt sich im Bett auf. »Aber da hat er gesagt: das kannst du nicht befehlen, König Ahab, und etwas von einem alten Gesetz geschwafelt. Von einem Gesetz, das heißt: Was man von seinem Vater geerbt hat, das darf man nicht verkaufen, sondern das muß in der Familie bleiben!«

»Das ist eine gemeine Frechheit«, sagt Isebel. »Ja, das ist sogar mehr als eine Frechheit. Das ist Ungehorsam dem König gegenüber. Und Ungehorsam Gott gegenüber. Denn der König ist von Gott gesalbt, und jeder muß ihm gehorchen.«

»Aber gegen das Gesetz kann ich nichts machen«, sagt Ahab.

»Ach geh mir doch weg mit dem Gesetz«, sagt Isebel. »Bei uns in Tyrus war es so: Der König befiehlt, und das Volk gehorcht. Aber steh jetzt auf und geh essen! Mir fällt schon etwas ein, damit du zu deinem Weinberg kommst!«

## Naboths Ermordung

1. Könige 21,8–29

*Vorbemerkungen*

Die bei Ausgrabungen gefundenen *Siegel* haben runde, ovale, wappenförmige und rechteckige Formen. Sie trugen manchmal nur den Namen oder Titel des Inhabers (zum Beispiel: »Minister des Königs«), manchmal auch religiöse Motive (zum Beispiel Götter), Tier- und Pflanzenbilder. Als Material für das Siegel dienten Halbedelsteine und Elfenbein. Der Jaspisstein (2. Mose 28,18), den ich in der Erzählung als Beispiel eines Siegels erwähne, ist eine undurchsichtige Quarzart von verschiedener Färbung. Er ist im Altertum oft als Siegelstein verwendet worden. 2. Mose 28,11 erwähnt den Beruf des Siegelstechers. Als Werkzeug wird Jeremia 17,1 ein eiserner Griffel mit Diamantspitze erwähnt. Siegelringe werden im Alten Testament an mehreren Stellen angeführt. So gab Juda der Thamar als Pfand einen Siegelring (1. Mose 38,18), und der Pharao zeichnete Joseph aus, indem er ihm seinen Siegelring an die Hand steckte (1. Mose 41,42). Isebel wird die *Briefe* nicht selber geschrieben, sondern einem Schreiber diktiert haben. Oft trugen die Schreiber ihr Schreibwerkzeug in einer Palette, die sie am Gürtel befestigten (Ezechiel 9,2). Die einfachen Paletten waren aus Holz, die kostbaren aus Elfenbein gefertigt. Die Palette enthielt eine Vertiefung für die Farbe, manchmal auch zwei für Schwarz und Rot, einen Behälter oder ein Ledersäckchen für das Wasser und die Federn aus

Schilfrohr, das durch Kauen zu kleinen Pinseln geformt war. Schwarze Tinte bestand aus Lampenruß, Holzkohlenstaub oder verkohlter Papyruswurzel, die man mit Öl und Wasser anrührte. Rote Tinte gewann man aus Granatapfelschalen. Jeremia 36,23 erwähnt ein Federmesser. Mit ihm schabte man falsche Buchstaben weg. Geschrieben wurde auf Tonscherben (Ostraka), Papyrus, Holzstücken und Pergament.
Ein *Fasten* wurde ausgerufen, wenn irgend eine Not oder eine Katastrophe ausbrach oder angekündigt wurde und die Götter besänftigt werden mußten. Jona 3,7ff erzählt, daß der König von Ninive ein Fasten befahl, als Jona den Untergang der Stadt androhte, und als Daniel erfuhr, daß Jerusalem siebzig Jahre in Trümmer sein werde, fastete er. Fasten bedeutete Verzicht auf Angenehmes und war Ausdruck der Trauer und Demütigung. Die Ursache der Not, die das Fasten auslöste, konnte die ungesühnte Schuld eines Einzelnen sein. Darum war es wichtig, das Vergehen offenkundig zu machen und den Schuldigen zu bestrafen. Isebel benutzt wohl eine in der biblischen Erzählung nicht erwähnte Notlage in Jesreel, um das Fasten auszurufen und die Schuld an der Not dem Naboth anzuhängen. Für die Anklage bediente sie sich falscher *Zeugen*. Das Gesetz schrieb zwei oder drei Zeugen vor (5. Mose 19,15).
Die Gerichtsbarkeit lag in den Städten und Dörfern beim Rat der *Ältesten*. Er wurde aus den Vorstehern der einflußreichsten Familien gebildet. Gericht gehalten wurde im Tor, wo überhaupt alle Angelegenheiten der Stadt entschieden wurden. Ich stelle mir vor, daß die Männer von Jesreel während des Fastens ins Tor kamen, um die Notlage zu besprechen, und daß bei dieser Gelegenheit die Anklage gegen Naboth erhoben und er (nach 2. Könige 9,26 sogar zusammen mit seinen Söhnen) zum Tod verurteilt wurde. Die *Lästerung* war nichts anderes als ein sich Lossagen von der Autorität, der man Gehorsam und Achtung schuldete (Gott, König, Eltern). Der Akt der Lossagung konnte in einem Fluch, in einer Verwünschung, in einem Drohwort, aber auch in einer Geste der Beleidigung oder der Verweigerung der nötigen Ehrerbietung bestehen. Auf der Lästerung und dem Fluch gegenüber Gott, König und Eltern stand die Todesstrafe der *Steinigung*. Sie wurde außerhalb des Dorfes oder der Stadt vollzogen. Die ersten Steine mußten die Zeugen werfen (5. Mose 17,7).
Beim zitierten *Volksklagelied* handelt es sich um ausgewählte Stellen aus Psalm 80.

*Erzählung*

Am frühen Morgen tönt aus der Hütte der Witwe Hulda ein markdurchdringender Schrei. Erschrocken eilen die Nachbarn auf die Gasse.

»Was ist passiert, Hulda?« ruft der Töpfer Joel. »Sind Diebe in deinem Haus? Oder bist du krank?«
Keine Antwort. Nur Weinen und Schluchzen.
»Mach doch die Tür auf, Hulda, damit wir dir helfen können!« ruft Joel.
Endlich wird der Riegel geschoben. Unter der Tür steht die Witwe Hulda. Sie ist klein und mager, und ihr Gesicht ist voller Runzeln. Mit dürren Fingern wischt sie die Tränen aus den rot verweinten Augen.
»Was ist passiert, Hulda?« fragt der Töpfer.
»Meine Ziege, meine schöne Ziege!« schluchzt Hulda und deutet mit dem Kopf ins Haus. Da drängen sich die Nachbarn durch die Tür. Der einzige kleine Raum im Haus ist dunkel. Nur durch das Fenster unter dem Dach und durch die Tür kommt Licht. In der Ecke des Zimmers liegt auf einem Wisch Stroh eine weiße Ziege. Sie regt sich nicht. Ihre Augen sind glasig.
»Sie ist tot«, sagt Joel.
»Gestern ist sie noch munter gewesen«, jammert Hulda. »Und heute morgen, als ich aufgestanden bin, war sie tot.«
»Vielleicht hat sie etwas gefressen, das ihr nicht gut getan hat«, sagt die Frau des Schmieds.
»Vielleicht hat sie einer verhext«, babbelt der alte Bettler Maleachi, der keine Zähne mehr im Mund hat.
»Vielleicht ist sie an Altersschwäche gestorben«, sagt der Bauer Heman.
»Vielleicht hat sie auch Läuse gehabt«, ruft der Schenkwirt Joah und kratzt sich in seinem roten Bart.
»Sie hat keine Läuse gehabt!« kreischt die kleine Witwe. »Sie ist erst ein Jahr alt gewesen, und gefressen hat sie nur Gras, wie jeden Tag.«
»Dann weiß ich auch nicht, woran sie gestorben ist«, sagt Joel.
Hulda bricht wieder in Tränen aus. »O meine arme Ziege«, wimmert sie. »Meine arme, arme Ziege.«
»Weinen nützt nichts«, sagt Joel. »Komm zu meiner Frau und iß etwas. Ich zieh deiner Ziege in der Zwischenzeit das Fell ab. Dann hast du wenigstens eine warme Decke.«
Die Menge verläuft sich, und die Männer und Frauen gehen an ihre Arbeit. Aber zwei Tage später sind in Jesreel schon zehn Ziegen und Schafe tot. Und nach einer Woche sind es dreißig. Von einer Stunde auf die andere sind die Tiere verendet. Niemand weiß warum.
»Es ist eine geheimnisvolle Krankheit!« sagen die einen.
»Gott straft uns, weil jemand in Jesreel gesündigt hat«, sagen die andern.
»Wenn es so weitergeht«, sagen die Hirten, »dann haben wir in zwei Monaten keine Herden mehr.«
Als Isebel davon erfährt, lacht sie. »Jetzt hab ich ihn!« sagt sie vor sich hin und geht zum König.

»Ahab«, sagt sie, »gib mir deinen Siegelring! Ich will für dich ein paar Briefe schreiben.«
»Was für Briefe?« fragt der König.
Isebel erzählt Ahab von ihrem Plan.
»Aber das geht doch nicht«, sagt Ahab. »Das ist nicht recht.«
»Recht! Recht! Recht!« sagt Isebel. »Ich bin auch für das Recht. Aber wo bleibt das Recht, wenn keiner im Volk den Befehlen des Königs gehorcht? Wenn jeder macht, was er will! Dann zerfällt das Volk! Israel braucht einen starken König. Einen, der sich durchsetzen kann und vor dem alle Respekt haben. Du machst es ja nicht für dich! Und auch nicht für mich! Ich habe, was ich brauche. Aber du machst es für das Volk. Damit Israel ein starkes, reiches und angesehenes Land wird. Gib mir den Ring!«
Ahab streift den Siegelring vom Finger und gibt ihn der Isebel. Dann befiehlt Isebel ihrer Dienerin: »Kezia! Ruf den Schreiber Hananja! Er soll ins Elfenbeinzimmer kommen!«
Isebel setzt sich auf den Sessel des Königs. Sie schaut den Siegelring an. Er ist aus Gold. Oben in der Fassung liegt ein großer glatt geschliffener roter Edelstein. Zwei Wörter sind in den Stein geschnitten: »König Ahab«.
Jetzt kommen der Schreiber Hananja und Kezia ins Zimmer. Der Schreiber ist alt. Mühsam verbeugt er sich vor Isebel. Als er sich aufrichtet, ächzt er. An seinem Gürtel hängt ein Holzkästchen. Im Kästchen sind zwei Schreibrohre aus Schilf. Hananja hat sie vorne abgekaut, bis ein feiner Pinsel entstanden ist. Im Kästchen hat es auch einen kleinen Ledersack mit Wasser und eine Vertiefung mit Lampenruß. Hananja mischt Ruß und Wasser mit dem Pinsel. Dann steckt er den Pinsel hinter sein Ohr und fischt ein Stück Papyrus aus der Ledertasche. Er legt das Papier auf ein dünnes Holzbrett, das er auf dem linken Arm hält. Mit der Rechten holt er den Pinsel vom Ohr herunter, und jetzt ist er bereit zum Schreiben.
»An die Ältesten und Vornehmen in Jesreel!« diktiert Isebel. »Ich, König Ahab, befehle!«
»Ich... König... Ahab... befehle...« wiederholt der Schreiber. Flink malt er die Buchstaben aufs Papier.
»Ruft ein Fasten aus in Jesreel!« diktiert Isebel.
»Ein Fasten?« fragt Kezia. »Dann muß ich ja Kleider aus rauhem Stoff tragen. Und Asche auf meine schönen Haare streuen. Und lachen und tanzen darf ich auch nicht!«
»Und auch nicht essen, Kezia!« sagt Isebel.
»Nicht essen!« jammert Kezia. »Keine Honigkuchen, keine Mandelmöndchen, keine Dattelschnitten! Aber warum denn mitten im Jahr ein Fasten?«
»Weil der Todesengel in Jesreel umgeht«, sagt Isebel mit dumpfer Stimme.

«Schon vierzig Ziegen und Schafe sind gestorben. Und niemand weiß, warum. Aber ich weiß es.«
»Warum?« fragt Kezia, und ihre Augen sind ganz groß vor Angst.
»Weil ein Mann in Jesreel Gott und den König gelästert hat«, sagt Isebel. »Und wenn dieses Verbrechen nicht gesühnt wird, dann wird Gott nicht nur die Ziegen, sondern uns alle töten.«
Kezia stößt einen Schrei aus. »We... wer ist der Mann?« stottert sie.
»Du hörst es gleich! Schreib weiter, Hananja! Also: Ruft ein Fasten aus! Und dann, wenn sich alle Richter und Männer von Jesreel im Stadttor versammeln, holt den Naboth und laßt ihn auf die Bank beim Wachthaus sitzen. Ihm gegenüber sollen zwei Männer Platz nehmen, die ich euch schicke. Und die sollen als Zeugen auftreten und sagen: Naboth hat Gott und den König gelästert. Darum herrscht so große Not in Jesreel. Und dann führt den Naboth vor die Stadt und werft Steine auf ihn, bis er tot ist!«
»Bis... er... tot... ist«, sagt Hananja.
»Schreib diesen Brief dreimal ab!« befiehlt Isebel.
Hananjas Schreibrohr gleitet über das Papier. Einen Brief nach dem andern gibt er der Königin. Isebel rollt die Briefe zusammen, umwickelt sie mit einem Wollfaden, läßt Wachs auf den Faden tropfen und drückt den Siegelring des Königs auf das Wachs.
»Laß diese Briefe durch den königlichen Boten an die Ältesten in Jesreel bringen«, befiehlt Isebel dem Hananja.
Ächzend verbeugt sich der Schreiber und geht hinaus.

*

Drei Tage später beim Stadttor: Auf dem Platz stehen Frauen. Eine Alte betet. Eintönig kommen die Worte aus ihrem Mund:

»Du Hirte Israels,
Gott, erhöre uns!
Laß aufwachen deine Heldenkraft!
Komm uns zu Hilfe!«

Jetzt fallen die Stimmen der andern Frauen leiernd ein, und ihr Gemurmel erfüllt den ganzen Platz:

»Herr der Heerscharen,
stelle uns wieder her!
Laß dein Angesicht leuchten,
so wird uns geholfen!«

Während die Frauen beten, drängen sich die Männer in den Torgang des Stadttors. Alle tragen Kleider aus grobem Stoff. Die meisten haben zerzauste Haare. Statt glänzendes Öl haben sie Dreck draufgestrichen. Niemand trägt Schmuck.

Im Tor ist es halbdunkel und kühl. In Nischen stehen Steinbänke. Eine Tür führt ins Wachtlokal. Auf einer Bank sitzen die sieben Ältesten. Sie haben ernste Gesichter. Es sind die Rats- und Gerichtsherren von Jesreel. Jetzt steht einer der Ältesten auf.
»Männer von Jesreel«, sagt er. »Gott straft uns. Er hat uns ein großes Unglück geschickt. Ziegen und Schafe krepieren, weil einer von uns gelästert hat. Ich weiß auch, wer es ist. Es ist der Weinbauer Naboth.«
»Der Naboth! Das kann doch nicht sein! Der lästert doch nicht!« Alle rufen durcheinander.
»Ruhe!« sagt der Älteste. »Der Naboth soll zu mir kommen!«
Naboth kommt durch die Menge zum Ältesten. Er ist verstört. Er will reden. Aber er bringt kein Wort über die Lippen.
»Setz dich auf die Bank neben dem Wachtlokal!« sagt der Älteste. »Und jetzt sollen die Zeugen kommen!«
Aus dem Schatten der Torflügel treten zwei Gestalten. Einer hat eine Narbe auf der Stirn. Der andere hat eine plattgedrückte Nase.
»Was habt ihr zu sagen?« fragt der Älteste.
»Wir bezeugen«, sagt der mit der Narbe, »daß der Naboth Gott und den König gelästert hat.«
»Das stimmt«, sagt der mit der plattgedrückten Nase. »Vor ein paar Wochen haben wir uns im Schatten der Mauer von Naboths Weinberg ausgeruht. Da haben wir auf einmal laute Stimmen gehört. Es ist die Stimme des Königs gewesen.«
»Und die Stimme Naboths«, sagt der mit der Narbe. »Und der Naboth hat zum König gesagt: Du hast überhaupt nichts zu befehlen! Und dann hat er noch gesagt: Es gibt keinen Gott in Israel!«
Ein Raunen geht durch die Menge.
»Das ist Gotteslästerung«, sagt der Älteste. »Und Lästerung des Königs. Was hast du dazu zu sagen, Naboth?«
Naboth steht mühsam auf. Er ist bleich. »Was die beiden da behaupten«, sagt er, »ist gelogen. Ich habe nicht gesagt: Es gibt keinen Gott in Israel. Sondern ich habe gesagt, daß es keinen Gott gibt, der vorschreibt, man müsse dem König ein Stück Land geben.«
»Warum hast du es ihm denn nicht gegeben?« will der Älteste wissen. »Bist du denn gegen den König?«
Jetzt überkommt Naboth die Wut. »Ich bin nicht gegen den König«, ruft er. »Aber ich bin gegen die Gewaltherrschaft des Königshauses. Und ich bin wie der Elia gegen den Götzendienst der Königin.«
»Der Naboth ist ein Rebell«, sagt der Älteste. »Er hat den König und Gott gelästert. Führt ihn zur Stadt hinaus! Vor seinen Weinberg! Und steinigt ihn, bis er tot ist!«

Die Wache kommt aus dem Wachtlokal. Sie fesseln Naboth und schleppen ihn zur Stadt hinaus.
Auf dem Platz betet die Alte:

»Herr der Heerscharen,
wie lange zürnst du noch,
wenn dein Volk betet?
Du gibst uns Seufzerbrot zu essen
und Tränen zu trinken!«

Und wieder fallen die leiernden Stimmen der Frauen beim Kehrvers ein:

»Herr der Heerscharen,
stelle uns wieder her!
Laß dein Angesicht leuchten,
so wird uns geholfen.

*

Ein paar Wochen später reitet König Ahab aus. Ein paar Offiziere begleiten ihn. Unter ihnen ist auch der Jehu. Seine Lippen sind schmal und verschlossen, und seine Augen dunkel. Jehu hat damals, als Isebel die Jahweanhänger und die Prophetenschüler verfolgt hat, dem Obadja geholfen. Die Schar reitet am Weinberg des Naboth vorbei. Im Weinberg reißen Arbeiter Rebstöcke aus. Sie werfen sie in ein Feuer.
»Nächstes Jahr ist dort ein Gemüsegarten«, sagt Ahab. »Ein Gemüsegarten mit süßen Gurken, grünen Bohnen, saftigen Melonen und würzigen Zwiebeln.«
Da steht am Wegrand eine Gestalt in einem Fellkleid und einem hellen Mantel. Ahab fährt zusammen.
»Hast du nach dem Mord das Erbe schon angetreten?« fragt die Gestalt.
»Elia!« knirscht der Ahab. »Hast du mich wieder gefunden?«
»Gott hat mich zu dir geschickt!« sagt Elia. »Ich bin dabeigewesen, als sie den Naboth gesteinigt haben. Dort ist er gestorben. Und als er tot gewesen ist, da sind die Hunde gekommen und haben das Blut vom Boden aufgeleckt. Und jetzt höre, Ahab, was Gott dir zu sagen hat. So spricht der Herr: Weil du den Mord an Naboth zugelassen hast, wird deine ganze Familie ausgerottet und weggefegt. Ein anderer wird König über Israel werden. Und wie die Hunde das Blut des Naboth vom Boden aufgeleckt haben, so werden sie dein Blut und das Blut der Isebel vom Boden auflecken. Und einer aus deiner Familie wird auf diesem Acker liegen, wie Naboth darauf gelegen ist.«
Ahab zittert. Kalter Schweiß läuft ihm über das Gesicht. Er steigt vom Pferd und will nach Elia greifen. Aber seine Faust geht ins Leere. Elia verschwindet hinter der Mauer des Weinbergs.

Ein paar Jahre später fällt König Ahab in einer Schlacht gegen den König von Damaskus. Die Soldaten bringen den toten König und seinen Streitwagen, auf dem er gestorben ist, nach Samaria. Sie bahren den Toten im Palast auf. Den Streitwagen stoßen Diener zum Teich gegenüber dem Palast. Sie schöpfen Wasser aus dem Teich und spülen das Blut des Königs vom Wagen. Da kommen streunende Hunde und lecken das Blut auf.

## Elisa und Jehu

1. Könige 19,19–21;
2. Könige 2,1–14; 8,25–9,16a

*Vorbemerkungen*

Nach Ahabs Tod wurde sein ältester Sohn *Ahasja* König über Israel (2. Könige 1). Schon bald nach dem Regierungsantritt starb er jedoch an den Folgen eines Sturzes aus dem Fenster eines oberen Stockwerks des Palastes. Da er keine männlichen Nachkommen hatte, folgte ihm sein jüngerer Bruder *Joram* auf den Thron. Joram unternahm gemeinsam mit Josaphat von Juda gegen das abgefallene Moab einen – wenigstens zuerst – erfolgreichen Feldzug (2. Könige 3). Andererseits aber verlor Israel auch immer mehr seine Herrschaft über die Gebiete jenseits des Jordans und somit die Kontrolle über die wichtigsten Handelsstraßen. Der Kampf gegen Damaskus um die Stadt Ramoth zog sich über Jahre hin.
*Elisa* war der Sohn des Bauern Saphat, der in Abel-Mehola, etwa 13 Kilometer südlich Bethsean in der Jordanebene, wohnte. Elia hat ihn noch während der Regierungszeit des Ahab in Dienst genommen, und gewirkt hat Elisa bis nach der Palastrevolution des Jehu. Elisa hat – wie Elia – die Politik seiner Zeit stark beeinflußt und war maßgeblich am Sturz des Hauses Omri beteiligt. Die vielen legendären Erzählungen über sein Wirken lasse ich weg. Beim Pflügen hatte Elisa nicht *zwölf Joch Rinder* vor einen Pflug gespannt. Es waren zwölf Pflüge, die unabhängig voneinander durch Knechte bedient wurden.
In die Anfangszeit der Regierung Jorams fällt auch die Erzählung von der *Entrückung Elias.* Das mit »entrücken« übersetzte hebräische Wort kann auch »hinwegnehmen«, »ergreifen«, »über etwas verfügen« bedeuten. Es kommt auch bei der Entrückung Henochs (1. Mose 5,24) und unter anderem in der zweiten Schöpfungsgeschichte (»Gott nahm den Menschen und setzte ihn in den Garten Eden« 1. Mose 2,15) vor. Das will heißen: Gott setzt und nimmt hinweg wie er will, souverän und manchmal menschlicher Erfahrung nicht entsprechend.

Nach Josaphats Tod kam in Juda *Joram*, der Gatte Athaljas, auf den Thron (vgl. 2. Chr. 21). Den starken Widerstand, der gegen ihn am Hof bestand, erstickte er, indem er alle seine Brüder und die wichtigsten oppositionellen Beamten umbringen ließ. Joram regierte nur drei Jahre. In dieser Zeit verlor Juda seine Herrschaft über Edom und andere Gebiete im Süden. Philister und Araber drangen in das Land ein, raubten den Palast in Jerusalem aus und nahmen die königliche Familie gefangen. Sie töteten alle Prinzen mit Ausnahme des Jüngsten, *Ahasja*. Joram starb an einer qualvollen »unheilbaren Krankheit der Eingeweide« (2. Chr. 21,18). Darauf machten die Bewohner Jerusalems Ahasja zum König. Er hielt am Bündnis mit Israel fest und zog an der Seite Jorams von Israel nach Ramoth.
*Jehu* war ein »Hauptmann« im Heer Jorams, wobei das Wort, das mit »Hauptmann« übersetzt ist, im Hebräischen »Befehlshaber« (Offizier) bedeutet und sowohl Anführer über zehn, fünfzig, hundert oder tausend Soldaten als auch den Aufseher über königliche Beamte bezeichnen kann. Wahrscheinlich war Jehu ein höherer Offizier, jedenfalls ein Draufgänger, der wie ein Rasender mit seinem Streitwagen herumfuhr (2. Könige 9,20). Jehu stürzte das Königshaus Omri im Namen der alten Jahwetradition. Nach 2. Könige 10,15 ff hatte er Verbindung mit Jonadab, dem Führer der Rechabiten, und es ist anzunehmen, daß er auch den Kreisen um die Propheten Elia und Elisa nahestand. Ob er schon vor seiner Salbung zum König in die Umsturzpläne eingeweiht war oder ob die Widerstandsbewegung gegen Isebel und Joram ihn ohne sein Wissen zum Führer des Aufstandes bestimmte, wissen wir nicht. Aber anscheinend hatte Jehu unter dem Militär und bestimmt auch unter der Bevölkerung großen Anhang.
Ich stelle mir des Königs Hauptquartier im vornehmsten Haus Ramoths, das dasjenige des Vogtes sein könnte, vor. Daß *Affen* und *Pfauen* in Palästina gehalten wurden, lehrt 1. Könige 10,22.

Elia wirft Elisa seinen Mantel über die Schultern. Joram erobert Ramoth. Joram v. Israel ist der Onkel v. Ahasja v. Juda. Joram ist der Sohn Isebel. Jehu wird v. Elisa zum König v. Israel gesalbt

*Erzählung*

Es ist Frühjahr. Der Winterregen hat den Boden weich gemacht. Der Bauernsohn Elisa ist mit seinen Knechten und Mägden unterwegs auf die Äkker. Elisa und fünf Knechte tragen jeder zwei Pflüge auf den Schultern. Die andern Knechte treiben vierundzwanzig Rinder vor sich her. Die Mägde tragen in Körben und an Stangen alles Nötige für das Essen: Gemüse, Brot und Kochkessel.
Jetzt kommen sie zu den Feldern, die Elisas Vater gehören. In der Ferne sehen sie den Jordanfluß. Elisa und die Knechte machen sich bereit zum

Pflügen. Sie legen jeweils zwei Rindern ein Joch auf die Stirn. Am Joch sind Haken und Schnüre befestigt. An den Schnüren binden sie den Pflug fest.

Elisa und die Knechte pflügen auf verschiedenen Feldern. Elisa drückt die Pflugschar in den Boden. Die eiserne Pflugschar reißt den Boden auf. Der Acker hat viele Steine. Elisa muß aufpassen, daß er mit dem Pflug nicht gegen sie stößt. Immer wieder bückt er sich und wirft die Steine auf den Weg. Am Ende des Ackers, dort, wo die Straße vorbeigeht, wendet er den Pflug. Eine neue Furche wird gegraben. Elisa ist ganz bei der Arbeit. Er hört und sieht nicht, was um ihn vorgeht.

Da, als er zum vierten Mal bei der Straße gewendet hat und sich gerade wieder nach einem Stein bückt, fällt ihm etwas auf den Rücken. Es ist weich und warm. Elisa richtet sich erschrocken auf. Er greift mit der Hand nach dem Gegenstand. Es ist ein Mantel. Ein heller, abgetragener Wollmantel.

Elisa schaut sich um. Auf der Straße geht ein Mann vorüber. Er hat ein Fellkleid an.

»Elia!« ruft Elisa.

Elisa kennt den Propheten. Elia ist oft bei ihnen zu Hause. Als er vor der Isebel hatte flüchten müssen, hatte er sich ein paar Tage bei ihnen versteckt gehalten.

»Elia!« ruft Elisa. »Du hast deinen Mantel verloren!«

Elia schaut sich nicht um. Er geht weiter.

»Der Elia wird alt«, denkt Elisa. »Er verliert seinen Mantel und hört schlecht.«

Elisa eilt dem Elia nach. Er legt ihm die Hand auf die Schulter.

»Elia«, sagt er, »du hast deinen Mantel verloren!«

Da dreht sich Elia um. Er schaut Elisa an und lächelt.

»Es ist dein Mantel«, sagt er.

»Aber... ich... warum... nein!«

Plötzlich weiß Elisa, warum ihm Elia den Mantel zugeworfen hat. »Ich soll mit ihm gehen!« fährt es ihm durch den Kopf. »Er hat jemanden gesucht, der seine Arbeit weitermacht, wenn er gestorben ist. Einen Mann, der für Jahwe kämpft. Und dieser Mann bin ich!«

Elia nickt, als ob er wüßte, was Elisa denkt.

»Ich will noch Abschied nehmen«, sagt Elisa. »Von Vater und Mutter. Und von den Knechten und Mägden.«

»Mach das«, sagt Elia. »Und dann komm zu mir!«

Elisa nimmt den Rindern das Joch von der Stirn. Er schlachtet die Tiere. Er wirft das Fleisch in die Töpfe und kocht es. Er ruft die Knechte und Mägde zu sich. Sie essen. Dann geht Elisa nach Hause.

»Ich muß fort von euch«, sagt er zu Vater und Mutter. »Elia will, daß ich mit ihm gehe.«
Die Eltern erschrecken. »Das kannst du uns nicht antun«, sagt der Vater. »Wer hilft mir beim Säen und Pflügen, beim Ernten und Dreschen, wenn du nicht mehr da bist?«
»Du hast noch andere Söhne, Vater«, sagt Elisa.
»Aber du bist der Zuverlässigste und Stärkste«, sagt der Vater. »Warum hat Gott gerade dich ausgewählt?«
»Weil unser Elisa der Zuverlässigste und Stärkste ist«, sagt die Mutter.
»Bei dem Elia hast du kein Zuhause wie bei uns«, sagt der Vater. »Die Isebel wird dich hassen. Du wirst verfolgt. Und wenn der Elia stirbt, dann bist du allein.«
»Ich will trotzdem gehen«, sagt Elisa.
Der Vater seufzt. »Dann geh in Gottes Namen«, sagt er.
Elisa küßt den Vater und die Mutter. Dann verläßt er sein Elternhaus.

*

Einige Zeit später ist Elia verschwunden. Da erzählt man sich im Land folgende Geschichte:
»Der Elia und der Elisa sind miteinander zum Jordan gegangen. Da ist auf einmal ein feuriger Wagen mit feurigen Rossen gekommen. Der Elia ist in den Wagen gestiegen und gegen den Himmel gefahren. Elisa hat gerufen: Mein Vater! Mein Vater! Dann hat er ihn nicht mehr gesehen.«
Ein paar Leute schütteln den Kopf. »Es gibt auch noch eine andere Geschichte darüber«, sagen sie. »Ein Unwetter ist gewesen. Es hat geblitzt und gedonnert. Und seither ist der Elia verschwunden.«

*

Nach dem Tod des Königs Ahab wird sein ältester Sohn Ahasja König über Israel. Aber Ahasja regiert nicht lange. Eines Tages lehnt er sich an ein Fenstergitter im oberen Stockwerk des Palastes. Das Gitter gibt nach. Ahasja fällt auf den Hof hinunter. Bald darauf stirbt er an den Folgen seiner Verletzungen. Weil er keine Kinder hinterläßt, wird sein Bruder Joram König über Israel. In Juda regiert König Ahasja.
Eines Tages meldet ein Bote dem König Joram in Samaria: »Der König Benhadad ist von seinem Berater Hasael ermordet worden. Hasael hat sich zum König von Damaskus ausrufen lassen!«
Da sagt Joram zu seinen Offizieren: »Jetzt erobere ich die Stadt Ramoth zurück, die Benhadad meinem Vater weggenommen hat. Und der König von Juda wird uns helfen. Wir haben ja noch immer einen Vertrag mit ihm!«

Das Haus des Vogtes Enos von Ramoth hat zwei Stockwerke. Es steht in einem großen Garten. Im Garten wachsen Palmen, und in der Mitte ist eine Zisterne. In der Zisterne wird das Regenwasser gesammelt. Auf dem Rand der Zisterne sitzt ein Äffchen. Es frißt einen Apfel.
Zum Eingang des Hauses führt eine Freitreppe. Über die Treppenstufen stolziert ein Pfau. Seine langen Schwanzfedern glänzen in der Sonne.
Im Schatten der Palmen steht ein Ruhebett. Auf dem Bett liegt Joram, der König von Israel. Sein rechter Arm ist mit Tüchern eingebunden. Um das Bett herum stehen Männer und Frauen. Unter ihnen ist der König Ahasja von Juda. Er ist der Sohn der Athalja, und König Joram von Israel ist sein Onkel. Neben ihm steht der Vogt Enos von Ramoth. Dann kommen ein paar Offiziere, Diener und Dienerinnen. Die Diener fächern dem König kühle Luft zu. Die Dienerinnen reichen ihm Kräutertee in einem gebrannten Tonbecher und gewürzten Wein in einer silbernen Schale. Ab und zu legen sie ihm nasse Tücher auf die Stirn.
»O mein Arm!« stöhnt König Joram.
»Tut er immer noch weh?« fragt König Ahasja.
»Schrecklich!« antwortet Joram.
»Du bist ein Held, König Joram!« sagt Enos. Enos hat einen gewaltigen Bauch, Hängebacken, ein Doppelkinn und reibt sich ständig seine dicken Hände, als ob er sie waschen würde.
»Du hast recht, Enos«, sagt Joram. »Ich bin ein Held. Ich habe Ramoth zurückerobert.«
»Ich bin ja so froh, daß Ramoth wieder zu Israel gehört«, sagt Enos. «Der Benhadad hat uns geplagt, wo er nur gekonnt hat. Und als dann der Hasael König über Damaskus geworden ist, da ist es noch viel schlimmer geworden.«
»Ist das eine Schlacht gewesen!« sagt Joram. »Ich bin in meinem Streitwagen gestanden und habe nach dem Hasael Ausschau gehalten. Plötzlich habe ich ihn gesehen. Da habe ich zu meinem Wagenlenker gesagt: Los! Fahr auf ihn zu! Da sind wir losgefahren, und ich habe mein Schwert gezogen. So!« König Joram springt von seinem Bett auf. Er reißt einem Diener seinen Stock aus der Hand. Er streckt den Stock wie ein Schwert in die Höhe und stellt sich breitbeinig hin, als ob er in einem Streitwagen stehen würde.
»Und dann«, sagt er, »bin ich so nahe beim Hasael gewesen wie jetzt bei diesem Affen.« Joram zeigt mit dem Stock auf das Äffchen auf dem Rand der Zisterne. Es hat aufgehört zu essen und starrt den König von Israel mit großen Augen an.
»Und da«, sagt Joram, »da hat mich der Hasael mit einem Mal gesehen und gerufen: Das dort ist der König von Israel! Greift ihn an! Da hat einer

seiner Schützen den Bogen gespannt. Aber ich bin ohne Furcht auf ihn losgefahren, habe mein Schwert geschwungen und dann...«
König Joram schwingt seinen Stock und springt auf den Affen zu. Da läßt das Tierlein vor Schreck den Apfel fallen, macht einen Satz und klettert wie der Blitz auf eine Palme.
»Und dann hat mich der Pfeil getroffen«, sagt Joram, wirft den Stock auf den Boden und greift mit der linken Hand nach dem Verband.
»Au!« stöhnt er. »Tut das weh!«
Joram läßt sich wieder auf sein Ruhebett fallen. Eine der Dienerinnen löst den Verband. Die Wunde ist schon verkrustet. Die Frau gießt Öl darauf und verbindet den Arm wieder.
»Du bist ein Held, König Joram«, sagt der Vogt Enos und reibt sich die Hände.
»Ja, ich bin ein Held«, sagt Joram.
Der Affe klettert von der Palme, hockt sich auf den Brunnenrand, knabbert an seinem Apfel und schaut den König mißtrauisch an. Von der Treppe her schreit der Pfau.
Joram verzieht sein Gesicht. »Das Geschrei des Vogels macht mich verrückt«, ruft er. »Und auch der Affe geht mir auf die Nerven. Wie soll ich da wieder gesund werden? Ich fahr nach Jesreel. Meine Mutter Isebel ist dort. Die kann mich besser pflegen als ihr alle zusammen.«
»Und wenn der Hasael wieder angreift?« fragt einer der Offiziere. Es ist Jehu.
»Ich nehme nur meine Leibwache mit mir«, sagt Joram. »Die Soldaten bleiben hier. Sie bewachen die Stadt. Und du, Jehu, hast als Hauptmann den Oberbefehl.«
»Und was soll ich machen, Onkel Joram?« fragt König Ahasja von Juda.
»Du kannst mit deinen Soldaten nach Jerusalem zurückkehren«, sagt Joram. »Ich danke dir, daß du mir geholfen hast.«
»Ich werde dich in ein paar Tagen in Jesreel besuchen«, sagt Ahasja. »Erhol dich gut!«
Enos reibt sich die Hände und verneigt sich vor Joram. »Darf ich dem König den Affen und den Pfau als Geschenk mitgeben?« fragt er. »Ich habe die Tiere einem Kaufmann, der mit seiner Karawane in Ramoth Halt gemacht hat, abgekauft.«
»Ich will keinen Affen!« ruft Joram. »Und ich will auch keinen Pfau. Aber meine Mutter liebt die Pfauenfedern. Reißt dem Schreihals drei oder vier Federn aus dem Schwanz. Dann stolziert er vielleicht nicht mehr so stolz herum und schreit nicht mehr so, daß es einem durch Mark und Bein geht.«
Noch am gleichen Tag tragen Diener den König in einer Sänfte aus der

Stadt hinaus. Zwei Tage später treffen sie in Jesreel ein. König Ahasja von Juda aber fährt auf seinem Streitwagen nach Jerusalem.

Die Geschichte geschieht in Ramoth

Über eine Woche ist vergangen, seit Joram nach Jesreel gereist ist. Hasael von Damaskus hat die Stadt Ramoth nicht mehr angegriffen.
Es ist später Nachmittag. Jehu und die andern Offiziere sitzen im Garten vor dem Haus des Vogtes Enos. Das Essen ist aufgetragen. Ein paar Töpfe mit Linsen, Brot und einige Wasserkrüge stehen auf dem Tisch.
»Hat sich Isebel die Pfauenfedern wohl schon ins Haar gesteckt?« fragt Bidekar und bricht sich ein Stück Brot ab. Bidekar ist ein junger Offizier. »Stellt euch vor«, sagt er, »wie die Isebel auf dem Balkon vor dem Elfenbeinzimmer herumspaziert und wie die Federn auf ihrem Kopf auf und ab wippen.«
»Sie hat keine Zeit zum Herumspazieren«, sagt Jehu. »Sie muß den Joram pflegen.«
»Joram ist wehleidig«, sagt Micha, ein alter Soldat, der schon unter Omri gedient hat. »Joram ist schon als Bub so gewesen«, sagt er. »Wenn er mit seinem Bruder gekämpft und einen Schlag bekommen hat, dann hat er immer geheult. Der Pfeil hat seinen Arm nur gestreift. Jeder von uns hätte auf die Wunde gespuckt, und die Sache wäre erledigt gewesen. Aber Joram will den Helden spielen.«
»Er will nicht nur den Helden spielen«, sagt Jehu, »sondern er muß den Helden spielen. Mit Israel geht es abwärts. Benhadad hat uns viel Land hier im Ostjordanland weggenommen. Die Moabiter und die Ammoniter, die Israel einmal untertan gewesen sind, zahlen keine Steuern mehr. Unser Volk wird jeden Tag ärmer. Darum muß Joram jetzt, wo er eine Stadt zurückerobert hat, den Sieg herausposaunen und sich als Helden aufspielen, damit sein Ansehen steigt.«
»Das Volk liebt den Joram nicht«, sagt Bidekar. »Aber noch viel mehr haßt es die Isebel.«
»Nicht alle hassen sie«, sagt Micha. »Es gibt viele, die für Isebel durchs Feuer gehen würden.«
»Ja, die Baalspriester«, sagt Jehu. »Und alle, die von der Isebel Regierungsstellen bekommen haben. Aber die einfachen Leute wollen nichts mehr mit ihr zu tun haben. Überall im Land gibt es Widerstandsgruppen.«
»Nicht so laut!« sagt Micha. »Dort am Hoftor steht einer!«
Alle schauen zum Tor. Der Mann muß schon eine Weile dort gestanden haben. Er lehnt sich an die Mauer. Er trägt ein Kleid aus Tierfellen. Er hat eine Ledertasche umgehängt. Seine Haare sind lang. Er ist barfuß. In der Hand hält er einen Stock.

»Wen suchst du?« ruft Jehu.
»Ich hab dir etwas zu sagen, Hauptmann!« sagt der Barfüßige.
»Dann sag es!«
»Dir hab ich etwas zu sagen und nicht den andern!«
»Dann komm ins Haus und sag es mir!«
»Das ist einer von den Prophetenschülern des Elisa«, flüstert Micha. »Man kennt sie am Fellkleid.«
Jehu und der Barfüßige gehen über die Freitreppe ins Haus. Im Gang ist es halbdunkel. Nur durch ein kleines Fenster am Ende des Ganges fällt ein Sonnenstrahl.
»Stell dich ins Licht!« sagt der Barfüßige zu Jehu.
»Ich will zuerst wissen, was du...«
»Stell dich ins Licht!«
Jehu stellt sich in den Sonnenstrahl. Da greift der Barfüßige in die Ledertasche. Er zieht ein Widderhorn heraus und hält es über Jehus Kopf. »Ich komm zu dir im Auftrag des Elisa«, sagt er. Er kippt das Horn und leert das Öl über Jehus Haar.
»So spricht Jahwe«, sagt er. »Ich salbe dich zum König über Israel. Das Maß von Isebel und Joram ist voll. Stürze das Königshaus des Omri!«
Das Öl läuft Jehu über das Gesicht. Er reibt sich die Augen. Als er aufschaut, ist der Barfüßige verschwunden. Jehu geht aus dem Haus. Oben an der Treppe bleibt er stehen.
»Der Barfüßige ist wie ein Verrückter davongerannt«, ruft Bidekar. »Was hat er von dir gewollt?«
»Ihr kennt doch die Prophetenschüler«, sagt Jehu. »Überall mischen sie sich ein, und zu allem wollen sie etwas zu sagen haben.«
Bidekar steht auf. Er kommt auf Jehu zu. Unten an der Treppe bleibt er stehen und starrt den Hauptmann an. Er sieht, wie das Öl aus seinem Haar tropft. »Wir wollen wissen, was der Barfüßige gesagt hat«, ruft er.
Jehu schweigt.
»Los! Sag es uns!«
»Wenn ihr es unbedingt wissen wollt«, sagt Jehu. »Er hat gesagt: So spricht Jahwe! Ich salbe dich zum König von Israel!«
Die Männer starren Jehu an. Keiner sagt etwas. Hinter dem Haus schreit der Pfau. Da ruft Bidekar: »Jehu ist König!« Er reißt sich seinen Mantel von den Schultern und legt ihn vor Jehu auf die Treppe. Die andern Offiziere stehen auf und machen es Bidekar nach. »Jehu ist König!« rufen sie. Knechte und Mägde eilen herbei. Soldaten stürmen in den Hof. Bald wimmelt es um das Haus herum von Menschen. »Jehu ist König!« rufen sie und verbeugen sich vor ihm.
»Schließt alle Stadttore von Ramoth!« befiehlt Jehu. »Niemand darf die

Stadt verlassen! Ich will nicht, daß irgend jemand in Israel erfährt, was hier geschehen ist, bevor ich in Jesreel gewesen bin!«
Jehu geht mit seinen Offizieren ins Haus. »Ich mach dich zu meinem nächsten Berater«, sagt Jehu zu Bidekar. Die beiden entwerfen schnell einen Plan, um den König und seine Familie zu stürzen. Dann schlafen sie ein paar Stunden.
Früh am Morgen, noch bevor die Sonne aufgegangen ist, verläßt Jehu mit Offizieren und Soldaten die Stadt Ramoth. Sie fahren auf Streitwagen und reiten auf Pferden nach Westen, auf der Straße, die zum Jordan und von dort nach Jesreel führt.

## Isebels Ende

2. Könige 9,16b–10,36

*Vorbemerkungen*

Der Sturz des Hauses Omri war – wie alle Revolutionen – brutal und blutig. Er brachte Israel wenig Vorteile. Zwar hörte Isebels Machtmißbrauch auf. Der Götzenkult verschwand, und die prophetische Partei kam zu ihrem Sieg. Aber gleichzeitig verlor Israel auch seine Vorherrschaft über die Handelsstraßen in Transjordanien, und die Dreierallianz Israel – Juda – Tyrus fand ihr Ende. In der Zeit der ersten Könige aus dem Hause Jehus hatte Israel schwer unter den Angriffen Hasaels von Damaskus und dessen Sohn Benhadad III. zu leiden. Einzelheiten über die Kämpfe zwischen Israel und Damaskus sind nicht überliefert, aber der Prophet Amos spricht in der Rückschau davon, wenn er sagt, Damaskus habe Gilead »mit eisernem Schlitten gedroschen« (Amos 1,3). Der Prophet erwähnt auch Einfälle der Ammoniter, die ebenfalls im israelitischen Ostjordanland Eroberungen machten und dabei Schwangere aufschlitzten (Amos 1,13). Zeitweise zahlte Jehu auch Tribut an die Großmacht Assur. (Näheres dazu siehe die Vorbemerkungen zur Erzählung »Das Unrecht«!)
*Jibleam,* in dessen Nähe die Soldaten des Jehu den unglücklichen König Ahasja tödlich verwundeten, lag an der Straße, die von der Ebene Jesreel westlich vom Gilboagebirge nach Samaria führte. Nach Ahasjas Tod wurde Athalja Herrscherin über Juda. Doch hatte sie keinen Anhang im Volk. Der Hohepriester Jojada stürzte sie und salbte ihren Enkel, den Daviden Joas, zum König (2. Könige 11 und 12). Ich lasse in meinen Erzählungen diese Geschichten weg, und auch die in der Bibel näher beschriebene Ausrottung des Hauses Omri durch Jehu erwähne ich nur kurz.

Joram + Ahasja werden von Jehu getötet. Jehu läßt Isebel vom Balkon werfen. Ahasja v. Juda wird getötet. Seine Mutter, die Tochter Isebels Athalja regiert jetzt über Juda. Jehu vernichtet die Götzen. Ihm werden seine Kinder auf dem Tron folgen.

*Erzählung*

Ahasja ist mit seinem Streitwagen von Jerusalem nach Jesreel gefahren und hat seinem Onkel Geschenke mitgebracht. Jetzt sitzen die beiden Könige im Elfenbeinzimmer. Es ist Morgen. Diener bringen das Essen. Sie tragen gebratene Tauben und in Milch gekochtes Ziegenfleisch auf. Das Brot ist noch warm vom Backen.
»In diesen Schüsseln sind Gurken und Zwiebeln«, sagt Joram. »Und da sind Melonen. Alles aus unserem Gemüsegarten.«
Joram fischt sich ein Stück Fleisch aus einer Schüssel. Ahasja beißt in eine Gurke.
Da tönt vom Turm bei der Stadtmauer ein Hornstoß. König Joram steht auf. Er geht auf den Balkon. Der Turm ist über zweihundert Schritte weit weg. Aber wenn man laut ruft, kann man sich gegenseitig verständigen.
»Was ist los?« ruft Joram dem Turmwächter zu.
»Ich sehe auf der Straße von Ramoth eine Staubwolke«, ruft der Wächter. »Ich glaube, es ist eine Reiterschar.«
»Das sind Boten von Jehu«, sagt Joram zu Ahasja. »Hoffentlich hat der Hasael nicht Ramoth zurückerobert!«
Unten im Hof steht ein Wachtsoldat. »Hol einen Reiter!« befiehlt Joram vom Balkon. »Er soll der Schar entgegenreiten und fragen, ob es in Ramoth gut geht oder nicht!«
Joram geht zurück ins Zimmer. Er trinkt im Stehen einen Schluck Wein aus einem silbernen Becher. Ahasja ißt eine gebratene Taube.
Da tönt vom Turm ein zweiter Hornstoß. »Der Reiter ist bei der Schar angekommen!« ruft der Wächter. »Aber er kommt nicht zurück.«
Joram geht wieder auf den Balkon. »Schickt noch einen Boten!« ruft er in den Hof hinunter. »Er soll fragen, was los ist!«
Joram ist aufgeregt. Er geht vom Balkon ins Elfenbeinzimmer und vom Elfenbeinzimmer auf den Balkon. Er späht nach Osten. Aber er kann nicht weiter als bis zu seinem Gemüsegarten sehen. Der Turm und ein Teil der Stadtmauer verdecken ihm die Sicht in die Ferne.
Jetzt stößt der Turmwächter zum dritten Mal ins Horn. »Der Bote ist bei der Schar angekommen«, ruft er. »Aber auch er reitet nicht zurück. Die Schar kommt jetzt auf Jesreel zu. Vorne ist ein Streitwagen. Der fährt wie ein Verrückter. Das kann nur der Jehu sein.«
Joram ist bleich. »Sie flüchten bestimmt vor dem König von Damaskus!« sagt er. »Wäre ich doch in Ramoth geblieben!«
Joram wendet sich an die Soldaten im Hof. »Los! Spannt an!« befiehlt er. »Wir fahren ihnen entgegen!«
Joram und Ahasja setzen ihre Helme auf. Sie eilen in den Hof. Sie springen

auf ihre Wagen. Sie jagen durch das Stadttor. Sie fahren am Gemüsegarten vorbei. Da kommt ihnen die Reiterschar entgegen. Auf dem vordersten Streitwagen steht Jehu. Er reißt die Zügel zurück. Der Wagen zieht eine Spur in den staubigen Weg und steht still. Auch Joram und Ahasja halten an. Joram beugt sich über die Brüstung seines Wagens. »Geht es gut?« ruft er dem Jehu zu.

»Wie soll es gut gehen«, sagt Jehu, »solang deine Mutter mit ihren Götzen in Israel regiert?«

Da wird Jorams Gesicht feuerrot. Die Zornesader schwillt auf seiner Stirn. Er greift nach seinem Schwert. Aber da sieht er, daß Jehu in der linken Hand einen Bogen hält. Mit der Rechten greift er über die Achsel und zieht einen Pfeil aus dem Köcher, den er über den Rücken gehängt hat. Jetzt spannt er den Bogen und zielt auf Joram.

»Verrat!« schreit Joram. »Er will uns ermorden, Ahasja!«

Ahasja reißt an den Zügeln. Die beiden Pferde vor dem Wagen bäumen sich auf. Ahasja rast an Jehu und seiner Schar vorbei. Joram aber wendet seinen Wagen. Er will nach Jesreel zurück. Aber da läßt er die Zügel los. Er bricht zusammen, fällt aus dem Wagen und bleibt auf der Straße liegen. Jehus Pfeil hat ihn getroffen.

»Ethniel und Micha!« befiehlt Jehu. »Reitet dem Ahasja nach! Und wenn ihr ihn eingeholt habt, dann verfahrt genauso mit ihm wie mit dem Joram! Und ihr beide: Bidekar und Josua! Nehmt den Körper des Joram und werft ihn in seinen Gemüsegarten. Ich weiß noch, wie ich vor vielen Jahren hier mit seinem Vater Ahab vorbeigeritten bin. Und auf einmal ist der Prophet Elia dagestanden und hat gesagt: So spricht Jahwe! Weil du den Mord an Naboth zugelassen hast, wird deine Familie weggefegt. Ein anderer wird König über Israel. Und einer aus deiner Familie wird auf diesem Acker liegen, wie der Naboth darauf gelegen ist!«

*

Zur gleichen Zeit erwacht im Palast von Jesreel Isebel. Die Rufe der Diener haben sie geweckt. Im Palast herrscht ein unbeschreibliches Durcheinander. Knechte, Mägde und Soldaten rennen durch die Gänge und über den Hof. Ein Offizier der Palastwache sammelt die Soldaten. »Wir verteidigen die Stadt und den Palast!« sagt er. »Jehu ist nicht unser König!« Die Soldaten ziehen Jehu entgegen.

Da stürzt Kezia ins Zimmer der Königin. »Joram ist tot!« ruft sie. »Der Hauptmann Jehu hat ihn getötet. Jetzt fährt Jehu mit seinen Soldaten auf die Stadt zu.«

Isebel starrt Kezia an. Sie fährt sich über die Augen. Sie steht auf und geht im Zimmer auf und ab. Alt sieht sie aus mit ihren zerzausten Haaren und

dem ungeschminkten Gesicht. Jetzt läßt sie sich auf den Stuhl beim Schminktisch fallen und hält die Hände vor ihr Gesicht.
»Ahab ist tot«, sagt sie. »Unser Ahasja ist tot. Und Joram ist auch tot.«
Ein Diener kommt ins Zimmer. »Jehu hat die Soldaten der Palastwache überwältigt!« ruft er. »Er kommt mit seinen Soldaten durch das Stadttor.«
»Kämm mir mein Haar, Kezia!« befiehlt Isebel.
Dann steht sie auf. »Wenn der König tot ist«, sagt sie, »übernehm ich die Regierung. Hilf mir in meinen Mantel, Kezia!«
Kezia legt den roten Mantel mit den Goldborten auf die Schultern der Königin. Isebel greift nach der Schminkdose. Sie geht ins Elfenbeinzimmer. Und als Jehu mit seinem Streitwagen in den Hof des Palastes einfährt, steht Isebel auf dem Balkon und schaut hinunter.
»Wie geht es dem Königsmörder?« fragt sie und malt sich die Augen blauschwarz an.
Gelassen steht Jehu im Wagen und schaut zu ihr hinauf.
»Nicht wahr«, sagt Isebel, »es geht dem Mörder meines Sohnes gut! Er ist am Ziel seiner Wünsche. Bald sitzt er auf dem Thron und regiert über ganz Israel.«
Isebel tupft den Pinsel in die rote Farbe und streicht sich die Lippen an. Als sie fertig ist, sagt sie: »Aber etwas darfst du nicht vergessen, Jehu! Erinnerst du dich an Simri? Der Simri hat wie du den König getötet. Aber er ist nicht lang auf dem Thron gesessen. Sieben Tage später ist er umgekommen. Und dir wird es nicht besser gehen.«
Jehu steigt vom Streitwagen. Er schaut zum Palast hinauf, wo an den Fenstern Diener und Mägde stehen.
»Ich bin jetzt König über Israel«, sagt er. »Elisa hat mich durch einen seiner Schüler salben lassen. Jeder Widerstand ist zwecklos. Die Armee steht unter meinem Befehl. Wer von euch hält zu mir?«
An den Fenstern ist es still. Aber da reiten Jehus Soldaten in den Hof ein. Und schon ruft einer aus dem Fenster: »Ich halte zu dir, Jehu!« Und ein anderer: »Ich auch!« Immer mehr rufen: »Jehu ist König!«
»Gut«, sagt Jehu. «Dann befehle ich euch: Werft die Isebel vom Balkon herunter!«
Isebel dreht sich um. Sie will fliehen. Aber schon wird sie gepackt.
Da geht Jehu in den Palast. Er steigt die Treppe hoch und geht ins Elfenbeinzimmer. Isebel ist nicht mehr auf dem Balkon. Jehu setzt sich an den Tisch. Noch steht das Geschirr darauf, aus dem Ahasja und Joram gegessen haben. Jehu greift zu.
»Begrabt die Isebel!« sagt er zu den Dienern. »Sie ist immerhin eine Prinzessin gewesen.«

Jetzt kommen die andern Offiziere. Auch Micha und Ethniel, die dem König von Juda nachgeritten sind, sind da. »Er hat nach Samaria gewollt«, sagt Micha. »In der Nähe des Dorfes Jibleam, bei der Schlucht, haben wir ihn eingeholt. Ein paar Leibwächter, die ihm nachgeritten sind, haben sich uns entgegengestellt. Wir haben den König verwundet. Er ist weitergeritten. Wir haben ihn nicht mehr verfolgen können.«
»Gut«, sagt Jehu. »Und jetzt: wie geht es weiter? Soll ich gleich morgen nach Samaria fahren oder noch abwarten? Es gibt viele Prinzen aus dem Hause Ahabs im Land, die sich zum König ausrufen lassen könnten!«
»Bleib hier!« sagt Bidekar. »Jetzt, wo Joram und Isebel tot sind, wird sich nicht so schnell einer gegen dich erheben. Aber schreib an die Ältesten in Samaria einen Brief und frag sie, ob sie einen andern König als dich wünschen.«
Ein paar Tage später kommen zwei Boten nach Jesreel. Einer ist von Samaria. Er bringt die Antwort aus der Hauptstadt. »Wir wollen keinen andern König als dich, Jehu!« schreiben die Ältesten. »Wir hoffen, daß du bald in Samaria einziehen wirst.«
Der andere Bote kommt von Meggiddo, einer Stadt in der Ebene Jesreel. »Der König Ahasja von Juda ist an seinen Wunden in unserer Stadt gestorben. Wir haben seine Leiche nach Jerusalem gebracht. Seine Mutter Athalja regiert jetzt über Juda.«

*

Eine Woche später fährt Jehu auf dem königlichen Streitwagen von Jesreel nach Samaria. Soldaten begleiten ihn. Die Straße geht von der Ebene Jesreel aufwärts ins Gebirge Ephraim. Sie führt an Hügeln und Feldern vorbei. Jehu schaut sich alles genau an. Er sieht auf den Hügeln Steine von auseinandergerissenen Altären. Neben manchem Feld liegen umgeworfene Holzpfähle.
Am Hang eines Hügels liegt ein Dorf. Die Straße führt durch das Dorf. Bei den ersten Häusern stehen Kinder. »Er kommt. Er kommt!« rufen sie, als sie den Wagen des Königs sehen. Aus den weiß gestrichenen Häusern kommen Männer und Frauen. Bauern sind es und Handwerker: der Schmied mit seinem rußigen Gesicht, der Töpfer mit seinen Händen voll Lehm, Mütter mit Kindern auf dem Arm, Großmütter und Großväter an Stöcken. Alle drängen sich zum Dorfeingang.
Jehu hält den Wagen an.
»König Jehu! König Jehu!« rufen die Leute.
»Wer ist der Dorfälteste?« fragt Jehu. Ein dicker Mann schiebt sich nach vorn. Er hat ein rundes rotes Gesicht. Er trägt ein blaues Festkleid. In seinem weißen Turban steckt ein glänzender Stein.

Der Mann verneigt sich vor Jehu.
»Ich bin der Dorfälteste, mein Herr und König«, sagt er.
»Wie heißt du?«
»Hananja!«
»Mein lieber Hananja«, sagt Jehu. »Als ich die Straße zu eurem Dorf hinaufgefahren bin, da hab ich auf euren Hügeln zusammengerissene Altäre und auf euren Feldern umgeworfene Pfähle gesehen. Es sind Baals Altäre und Ascherastatuen gewesen. Götzenbilder.«
»Ja, aber...« sagt Hananja.
»Kein aber!« Jehus Stimme ist hart und laut. »Ich frage dich: habt ihr diese verfluchten Götzenbilder angebetet und dem Baal geopfert oder nicht?«
Hananja schweigt. Sein Gesicht ist nicht mehr so rot wie vorher.
»Gib eine Antwort, Hananja«, sagt Jehu. »Habt ihr dem Baal geopfert?«
»Ja«, sagt Hananja.
»Bidekar!« Jehu wendet sich an seinen Berater. »Was steht im Gesetz des Mose? Was soll mit denen in Israel geschehen, die Götzen anbeten?«
»Mein Herr und König«, sagt Bidekar. »Mose hat befohlen, daß man sie hinrichten soll.«
Jehu schaut in die erschrockenen Gesichter der Dorfbewohner. »Kein einziger ist unter ihnen, der nicht dem Baal geopfert hat«, denkt er.
Doch! Dort steht ein Mann. Er ist wie ein Nomade gekleidet und hat eine Adlernase.
»Jonadab!« ruft Jehu.
Jonadab kommt zum Wagen. Er strahlt über das ganze Gesicht. »Ich bin froh, daß du König bist, Jehu«, sagt er. »Jetzt geht es den Götzen an den Kragen.«
»Eigentlich müßte ich euch alle für eure Untreue bestrafen«, sagt Jehu zum Volk. »Und dich, Hananja, als ersten. Aber dein Name bedeutet ja: Jahwe ist gnädig. So will auch ich gnädig sein. Aber wehe, wenn ich in Zukunft einen in Israel beim Götzendienst antreffe!«
»Es lebe der König Jehu!« rufen die Leute.
Hananjas Gesicht wird wieder rot. »Darf ich den König in mein Haus einladen?« fragt er. »Das Essen steht bereit.«
»Ein andermal«, sagt Jehu. »Jetzt muß ich in die Hauptstadt. Und du, Jonadab, begleitest mich! Komm auf meinen Wagen! Wir fahren miteinander in Samaria ein!«
Ein paar Tage später steht der Baalstempel in Samaria nicht mehr.
Jehu regiert achtundzwanzig Jahre über Israel, und nach ihm sitzen sein Sohn Joahas, sein Enkel Joas und sein Urenkel Jerobeam II. auf dem Thron in Samaria.

# Amos

# Das Unrecht

Amos 2,6–8; 4,1; 6,13

*Vorbemerkungen*

Von ungefähr 930 v.Chr. an entstand im Osten eine Großmacht – das neuassyrische Reich (Assur, Assyrien) –, die sich bald vom Zweistromland bis zum Mittelmeer erstreckte. Ursprünglich waren die Assyrer babylonische Kolonisten, die um 2000 v.Chr. auswanderten und die Stadt Assur am Tigris gründeten. Später wurden auch Ninive und Kalah Residenzstädte der assyrischen Großkönige. Um 854 v.Chr. kämpfte Ahab zusammen mit andern Königen in der Schlacht bei Karkar gegen Salmanassar III. Ahab und seine Verbündeten verloren den Krieg und zahlten, samt ihren Nachfolgern, Tribut an Assyrien. Salmanassar III. (860–824) unterwarf Babylon, Adnardirari (809–782) Aram-Damaskus. Als er sich jedoch wegen anderweitiger Kämpfe zurückziehen mußte, konnte Israel unter Jerobeam II. einen großen Teil seiner an Damaskus verlorenen Gebiete im Ostjordanland zurückerobern. 2. Könige 14,28 erwähnt Feldzüge Jerobeams gegen Damaskus und Hamath, und Amos 6,13 redet von der Eroberung *Karnaims* in *Basan* und *Lodebars* in Gilead. Basan war einer der fruchtbarsten Teile des Ostjordanlandes, und manche Gelehrte sind der Ansicht, daß der große Gebietszuwachs vor allem den hohen Beamten und der Aristokratie in Israel zugute gekommen ist. Besonders der Landadel gewann immer größeren Einfluß, und man darf annehmen, daß seine Machtgelüste nach Jerobeams Tod mit ein Grund für die Thronwirren bis zum Untergang Israels waren. Wohlstand und Macht brachten aber auch Verwahrlosung und Sittenzerfall. Dazu zwei Sprüche des Amos. Im ersten wendet sich der Prophet an die reich gewordenen Frauen in Samaria, die er mit den wohlgenährten Kühen in Basan vergleicht:

Hört an, ihr Basankühe → Frauen
Dort auf Samarias Berge,
Die ihr vergewaltigt die Niedern,
Die ihr zerdrückt die Armen,
Dic ihr zum Ehcherrn sprechet:
Schaff an, damit wir trinken!

So wahr ich Gott! schwur Jahwe,
Es kommen Tage, da hebt man
Euch hoch an der Nase mit Angeln,
Am Hintern mit Fischerhaken;
Zerfetzt kommt jede einzeln
Hervor, und so fliegt auf den Mist ihr!

(Amos 4,1–3; Übersetzung Duhm)

Der andere Spruch handelt von den Vergehen Israels, um deretwillen Jahwe das Gericht ergehen lassen wird:

Um dreier Vergehen Israels,
Um vierer wend' ich 's nicht:
Weil um Geld sie den Kleinen verkaufen,
Den Armen für zwei Schuhe!
Man schlägt an den Kopf den Niedren,
Macht wanken des Elenden Knie;
Zu entweihen meinen heiligen Namen
Gehn Vater und Sohn zur Dirne;
Man liegt auf gepfändeten Kleidern
Und trinkt den Wein der Gebüßten. (Amos 2,6–8; Übersetzung Duhm)

Ich beginne die Geschichten zum Propheten Amos nicht mit ihm selber, sondern versuche, zuerst die erwähnten Zustände am Beispiel des Kleinbauern Ephraim zu zeigen, den ich in einem Haus an der Ringstraße Samarias wohnen lasse. Die Häuser, in denen die ärmeren Bauern und Handwerker lebten, waren an die Stadtmauer angebaut. Die von Omri erstellte Schalenmauer wurde zur Zeit Ahabs durch eine Kasemattenmauer ersetzt. In die Kasematten waren oft Werkstätten, Lagerhäuser und Schenken eingebaut. Auf der andern Seite der Ringstraße standen die Bürgerhäuser, in denen die reicheren Kaufleute, Grundbesitzer, Krieger, Beamten und Priester wohnten. Der Verwaltungsbezirk lag meist im Zentrum der Stadt. Außerhalb der Stadt wohnten die ganz Armen in Hütten oder Zelten. Hier betrieben auch die Gerber ihr übelriechendes Gewerbe, sammelte sich der Unrat der Stadt, hatten die Töpfer ihre Lehmgruben und trieben sich Kotsammler herum.

Kleinbauern konnten, besonders in Zeiten der Mißernte, leicht verschulden und Grund und Boden verlieren. Das Sabbatjahr, nach dem der verpfändete Grundbesitz zurückgegeben werden mußte, wurde nicht eingehalten.

Im Talmud (Überlieferung religiöser Vorschriften der Juden) ist die Mindestanbaufläche eines Bauerngutes mit umgerechnet rund 3,1 Hektar angegeben, was bei der Zweifelderwirtschaft eine Gesamtfläche von über sechs Hektar gab. Für die Aussaat brauchte der Bauer rund 380 kg Saatgut. Der Ertrag lag – nach Erfahrungswerten in Palästina vor der modernen Bewirtschaftung – im Durchschnitt zwischen dem drei- und fünffachen der gesäten Menge. Ein Scheffel faßte rund zwölf Liter.

Das oft mit »*Rauschtrank*« oder »*Wein*« übersetzte hebräische Wort sekar bedeutet nach Galling (Biblisches Reallexikon) auch *Bier*, das in der Antike ohne Hopfen gebraut wurde.

Michael will das Land des Ephraim kaufen. Schlechte Ernte. Ephraim verpfände[t] Michael seinen Acker. Ephraim verliert alles.

*Erzählung*

Die Wirtschaft »Zum Lachenden Esel« in Samaria ist nur vier Schritte breit, aber dreißig Schritte lang. Sie liegt im Hohlraum der Stadtmauer. Sie hat keine Fenster, nur eine kleine Tür. Die Wände sind rußig vom Rauch der Fackeln und Öllampen. An den Holztischen sitzen Männer. Sie trinken, reden und lachen. Ein paar singen ein Lied. Sie singen nicht schön. Aber laut. Othni, der Wirt, bringt Bier in Tonbechern. Er hat ein aufgedunsenes Gesicht. Sein Bauch schwappt beim Gehen auf und ab.

An einem der Tische sitzen die beiden Bauern Ephraim und Michael. Ephraim schlägt mit der Faust auf den Tisch. »Ich hab es dir schon hundertmal gesagt, Michael«, ruft er. »Ich geb dir meinen Acker nicht!«

»Und wenn ich dir hundertfünfzig Lot Silber für den Acker gebe?« fragt Michael. Michael trägt über seinem Kleid einen kostbaren Mantel.

»Was soll ich mit hundertfünfzig Lot Silber anfangen?« fragt Ephraim und fährt sich mit der Hand durch seine schwarzen Locken.

Michael lacht schallend. »Hört mal alle her!« ruft er in die Kneipe. »Das arme Bäuerlein Ephraim fragt mich, den reichsten Bauern in Samaria, was er mit hundertfünfzig Lot Silber anfangen soll! – Kauf dir doch ein Haus! Und eine Sklavin! Eine junge, hübsche. Mit Haaren wie Purpur, mit Lippen wie Lilien, mit Augen, so klar wie der Teich von Samaria!«

»Ich brauch keine Sklavin«, sagt Ephraim. »Ich habe eine Frau und Kinder. Und ein Haus hab ich auch.«

»Ein Loch hast du«, sagt Michael. »Ein Loch an der Ringstraße! Drei Wände an die Stadtmauer angebaut! Ein einziger Raum! Dunkel. Und feucht. Wie diese Schenke hier. Aber mit hundertfünfzig Lot Silber kannst du dir ein Haus mit einem Garten kaufen. Auf der andern Seite der Ringstraße. Dort, wo die Reichen wohnen.«

»Und wovon soll ich leben, wenn ich keinen Acker mehr habe?« fragt Ephraim.

»Du kannst bei mir als Taglöhner arbeiten«, sagt Michael. »Und dein ältester Sohn auch. Er ist ja bald dreizehn Jahre alt und gesund und stark.«

Ephraim nimmt einen Schluck aus seinem Becher.

»Ich bin Bauer«, sagt er. »Ich hab den Acker von meinem Vater bekommen. Er ist nicht groß. Aber er ernährt mich und meine Familie. Nie im Leben verkauf ich ihn.«

»Das haben andere auch schon gesagt«, sagt Michael. »Denk nur an die, die vor der Stadt hausen. In den Zelten und Hütten. Das sind auch einmal Bauern gewesen.«

»Gesindel ist es«, sagt Ephraim. »Bauern, die ihr Land weggeben, sind nichts wert.«

»Weggeben müssen!« sagt Othni, der Wirt.
Ephraim leert seinen Becher und steht auf. »Ich verkauf dir mein Land nicht«, sagt er zu Michael. »Außerdem hast du schon mehr als genug.«
Ephraim geht auf die Gasse. Die Sonne ist schon untergegangen. In einem Halter neben der Wirtstür steckt eine brennende Fackel. Auf einen Stein neben der Fackel ist der Kopf eines Esels mit aufgerissenem Maul gemalt.
»Ich bekomm dein Land schon noch!« schreit Michael dem Ephraim aus der Wirtschaft nach.
»Du bist ein Esel«, ruft Ephraim und geht mit großen Schritten durch die Ringgasse auf sein Haus zu.

*

Nach Neujahr hätte der Regen einsetzen sollen. Zwar jagt der Wind jeden Tag graue Wolken vom Meer her über das Land. Aber kein Tropfen Wasser fällt vom Himmel. Der Boden ist hart. Die Bauern können nicht säen. Als der Frühling kommt, wachsen Gras und Frucht nur spärlich.
»Es gibt ein Hungerjahr«, sagen die Bauern.
Der Sommer geht vorbei, und im Herbst kostet das Getreide dreimal soviel wie im vergangenen Jahr.
»Der Michael hat seine Scheunen bis unters Dach mit Korn gefüllt«, sagen die Leute. »Aber er verkauft nichts. Er wartet, bis es noch teurer wird.«
Ephraim steht unter der Tür seines Hauses. Auf der Gasse spielen Kinder. Sie formen aus dem Straßenstaub Kuchen.
Ephraims Haus hat nur ein Zimmer. Im Zimmer ist es dunkel. In einer Ecke knabbern drei magere Ziegen an Strohhalmen. In der Mitte des Zimmers sitzt Ephraims Frau auf dem Lehmboden. Sie heißt Mirjam. Sie mahlt Gerste. Mit der rechten Hand dreht sie den Holzgriff des Mühlsteins. Mit der linken streut sie Körner auf den Stein. Die Körner fallen durch das Loch in der Mitte und werden zwischen den Steinen zu Mehl zerrieben.
»Wieviel Gerste haben wir noch?« fragt Ephraim.
Mirjam deutet mit dem Kopf auf den Krug, der neben ihr steht. »Das ist noch alles«, sagt sie.
Ephraim holt einen Scheffel und einen leeren Krug. Der Scheffel ist ein Hohlmaß aus Holz. Er greift mit dem Scheffel in den vollen Krug und schüttet die Gerste in den leeren Krug.
»Ein Scheffel«, zählt Ephraim. »Zwei Scheffel... vier Scheffel... sieben... zehn... vierzehn...«
Jetzt ist der Krug leer.
»Es sind fünfzehn Scheffel«, sagt Ephraim. »So viel brauche ich als Saatgut für den halben Acker. Für den ganzen brauche ich dreißig Scheffel.«

»Bis zur nächsten Ernte brauchen wir auch Brot«, sagt Mirjam. »Wenn ich Linsen unter die Gerste mische, reichen acht Scheffel.«
»Aber dann hab ich nur sieben Scheffel Saatgut«, sagt Ephraim. »Und das ist viel zu wenig.«
»Michael hat noch Gerste«, sagt Mirjam.
»Michael ist ein Gauner!« schreit Ephraim. »Ein Halsabschneider. Ein Wucherer. Ein gemeiner Kerl.«
»Unser Ältester könnte bei ihm als Taglöhner arbeiten«, sagt Mirjam. »Vielleicht gibt er uns dafür ein paar Scheffel Gerste.«
Ephraim geht auf die Gasse. Michaels Haus liegt im oberen Teil der Stadt. Dort, wo die Reichen wohnen. Rund um das Haus führt eine Mauer. Zwei Männer bewachen das Tor.
»Ich will dem Michael Getreide abkaufen«, sagt Ephraim. Einer der Wächter stößt das Tor auf. Ephraim steht in einem Hof. Rechts sind die Vorratshäuser.
Michael kommt aus dem Haus.
»Ich brauche Saatgut«, sagt Ephraim. »Zwanzig Scheffel.«
Michael reibt sich sein Doppelkinn. »Du hast gesagt, daß ich ein Esel bin. Aber hör jetzt mal gut zu: Unser König Jerobeam II. hat im Ostjordanland Krieg geführt. Er hat viel Land erobert. Fruchtbares Land. Die Basan-Ebene! Mit fetten, saftigen Wiesen! Und erst die Kühe, die dort weiden! Die Basan-Kühe! Dick und gesund! Mit solchen Eutern! Und geregnet hat es dort! Gott sei Dank hab ich von diesem Land gekauft! Fünf große Äkker! Meine Pächter haben mir meine Scheunen bis unters Dach mit Weizen und Gerste gefüllt.«
»Verkaufst du mir zwanzig Scheffel Gerste?« fragt Ephraim.
»Wenn du mir zwanzig Lot Silber bezahlst«, sagt Michael.
»Du bist ein Wucherer«, ruft Ephraim. »Ich hab kein Silber. Aber mein Sohn kann bei dir als Taglöhner arbeiten.«
»Ich hab genug Taglöhner«, sagt Michael. »Jeden Morgen steht das Gesindel, das in den Zelten vor der Stadt haust, auf dem Markt und wartet auf Arbeit. Und da sind Männer dabei, die schaffen doppelt so viel wie dein Sohn.«
»Aber was soll ich dir denn geben?«
»Deinen Acker!«
»Den bekommst du nie!« ruft Ephraim.
»Dann verpfänd ihn mir!«
Ephraim schaut Michael mißtraurisch an. »Wie geht das zu?«
»Ganz einfach«, sagt Michael. »Ich geb dir jetzt zwanzig Scheffel Gerste. Und nach der Ernte gibst du mir vierzig Scheffel zurück. Die zwanzig Scheffel, die du mir mehr gibst, das ist der Zins.«

»Und der Acker?« fragt Ephraim.
»Der Acker ist das Pfand. Wenn du deine Schulden bezahlt hast, bleibt der Acker in deinem Besitz. Wenn nicht, dann gehört er mir.«
»Ich muß das Saatgut haben«, sagt Ephraim. »Sonst verhungert meine Familie. Ich verpfänd dir meinen Acker.«
Michael ruft einen Diener. »Hol den Schreiber Nahum«, befiehlt er. »Und zwei Zeugen. Den Wirt Othni und irgend einen Gast vom ›Lachenden Esel‹!«
Wenig später kommen der Schreiber Nahum, der Wirt Othni und der Taglöhner Arah zu Michael. Am Gurt des Schreibers hängt ein Holzkästchen. An einer Lederschnur, die er um den Hals gehängt hat, baumelt ein Siegelring.
Nahum nimmt aus dem Kästchen ein Schreibrohr. Er mischt Ruß und Wasser. Aus seiner Ledertasche holt er eine gebrannte Tonscherbe.
Michael diktiert: »Ich, Michael, der angesehene und hochverehrte Kaufmann in Samaria, gebe dem Bauern Ephraim von der Ringgasse in Samaria zwanzig Scheffel Gerste. Ephraim gibt mir nach der nächsten Ernte vierzig Scheffel Gerste zurück. Als Pfand überläßt mir Ephraim seinen Acker. Das verspricht Ephraim vor den Zeugen Othni und Arah.«
Der Schreiber holt eine zweite Tonscherbe aus seiner Tasche. Er schreibt den Vertrag noch einmal. Mit der Tinte färbt er seinen Siegelring ein und drückt ihn auf die Tonscherbe. »Die bewahr ich bei mir auf«, sagt er. »Die Abschrift bleibt beim Michael.«
»Gib dem Ephraim zwanzig Scheffel Gerste aus dem Lagerhaus!« befiehlt Michael einem Diener.

Zwei Monate später setzt der Regen ein. Ephraim pflügt seinen Acker. Er sät die Gerste. »Es wird eine gute Ernte geben«, denkt er.
Aber im Frühjahr, als die Saat sprößt, verdunkelt sich der Himmel. Ganze Wolken von Wanderheuschrecken fliegen über das Land. Sie lassen sich auf den Äckern nieder. Sie fressen die Halme. Sie fressen die Gräser. Nach einer Stunde ist der Boden kahl. Und als die Zeit der Ernte kommt, kann Ephraim dem Michael seine Schuld nicht bezahlen.
»Jetzt gehört dein Acker mir«, sagt Michael.
»Ich zahl dir die Schuld nächstes Jahr!« sagt Ephraim.
»Nächstes Jahr müßtest du mir achtzig Scheffel geben«, sagt Michael. »Und soviel wirst du nie haben.«
»Ich geh zum Richter!« ruft Ephraim.
»Geh nur, du Schuldenbauer!« lacht Michael.
Am Markttag sitzen zwei Richter auf den steinernen Sesseln in den Ni-

schen beim Stadttor. Ephraim klagt den Michael bei den Richtern an. »Es gibt ein Gesetz in Israel«, sagt er. »Ein altes Gesetz. Gott hat es uns gegeben. Es heißt: Das Land, das ein Mann von seinem Vater erbt, muß in der Familie bleiben!«
»Ich hab einen Vertrag!« sagt Michael zu den Richtern. »Nahum hat ihn geschrieben. Othni und Arah sind Zeugen. Der Acker gehört mir!«
Die Richter beraten. »Der Michael hat einen Vertrag«, sagen sie. »Der Acker gehört dem Michael.«
Michael lacht. Er schüttelt den Richtern die Hände. »Kommt nachher in den ›Lachenden Esel‹,« sagt er. »Ich zahl eine Runde. Und für jeden von euch gibt es ein schönes Geschenk.«
Ephraim geht nach Hause. Er ist zornig und verbittert.
»Jetzt mußt du als Taglöhner arbeiten gehen«, sagt seine Frau. Aber Ephraim will nicht als Taglöhner arbeiten. Er sitzt zu Hause und starrt in eine Ecke. Bald ist er so verschuldet, daß er sein Haus an der Ringgasse verkaufen muß. Seine Frau näht aus Ziegenfellen ein Zelt. Die Familie zieht vor die Stadtmauer. Dorthin, wo das Gesindel haust.
Ephraim arbeitet nichts. Er schickt seine Kinder betteln. Das Geld, das sie heimbringen, vertrinkt er im ›Lachenden Esel‹. Bevor die Sonne untergeht, schwankt er zum Stadttor hinaus und singt. Zu Hause aber flucht und tobt er und verprügelt seine Frau.
»Der Ephraim ist früher ein so arbeitsamer Mann gewesen«, sagt Othni, der Wirt vom ›Lachenden Esel‹. »Ich begreife gar nicht, daß ein Mensch sich so ändern kann.«

## Amos

Amos 1,1; 7,1–6

*Vorbemerkungen*

*Amos*, der um 760 auftrat, war Bauer (1,1: Schafzüchter; 7,10: Viehhirt und Maulbeerfeigenzüchter). Er wohnte in *Thekoa*, einer Stadt, die etwa sechs Kilometer südlich Bethlehem an der Grenze des Kulturlandes und der Wüste lag. Unter den Städten, die Rehabeam zu Festungen ausbaute, wird auch Thekoa erwähnt (2. Chr. 20,20). Der Ort lag in der Nähe der Straße, die vom Bergland durch die Wüste nach Engedi am Toten Meer führte. Ich stelle mir Amos als einen kleinen, abgehärteten, einfachen, nüchternen Bergler vor, der das Schlemmerleben, den Rausch und das geschäftstüchtige Treiben an den Kultstätten verabscheute. Amos war kein

Bußprediger. Er setzte voraus, daß jedermann die sittlichen Forderungen Jahwes kannte. Weil ihnen aber nicht nachgelebt wurde, mußte er den »*Tag Jahwes*« verkünden. Es handelt sich hier um die alte Vorstellung, daß Jahwe eines Tages mit seinem Volk in den Krieg ziehen und die Feinde vernichten werde. Dieser Tag des Herrn war im Volksbewußtsein ein Tag des Sieges, ein Freudentag. Amos aber nahm diese Vorstellung als ein Gericht über Israel auf:

»Ha, die nach dem Tage
Jahwes verlangen!
Wozu der Tag euch?
Ist der nicht finster und lichtlos
Und dunkel und ohne Helle?« (Amos 5,18.20; Übersetzung Duhm)

Amos, den der Priester Amazja von Bethel einen »Seher« nannte, lehnte es ab, für einen Propheten oder Prophetenschüler gehalten zu werden. Trotzdem hatte er unbestritten die Eigenschaften, die ihn zum Propheten machten. Mit offenen Augen verfolgte er das Leben seiner Mitmenschen und die politischen Geschehnisse und maß sie an Gottes Willen. In *Visionen*, die durch alltägliche Begebenheiten ausgelöst wurden – Heuschrekken (7,1–3); Feuer, Blitz oder vielleicht die untergehende Sonne (7,4–6), ein Lot, das ein Handwerker an eine Mauer legte (7,7–9), ein Obstkorb (8,1–3), ein Säulenknauf (9,1–4) – sah er das Gericht voraus, und in *Auditionen* hörte er Gottes Stimme. Visionen und Auditionen sind Vorgänge, die sich in der menschlichen Seele abspielen. Sie sind real, jedoch subjektiv, so daß sie für andere Menschen unsichtbar und unhörbar sind. Visionen und Auditionen sind aus allen Zeiten, auch aus der heutigen, vielfältig bezeugt.

Das biblische Buch Amos, wie es heute im Alten Testament steht, enthält keine Biographie des Propheten und ist auch nicht von Amos selber so geschrieben worden. Vom Propheten selbst scheint später unverändert nur die ursprüngliche Aufzeichnung seiner Visionen übernommen worden zu sein, die sich durch ihre Ich-Form und ihren stilistischen Aufbau als ein zusammengehöriges Ganzes ausweist. Neben dieser »Visionsschrift« entstand – vielleicht erst nach dem Tode Amos' – die Spruchsammlung. Aufgezeichnet wurden diese Sprüche wahrscheinlich von Männern aus dem Freundeskreis des Amos, die seine Botschaften und Erlebnisse selber gehört und gesehen hatten. Vielleicht hat Amos einzelne Worte sogar diktiert. Wohl erst in exilischer oder nachexilischer Zeit sind dann die »Visionsschrift« und die »Spruchsammlung« zu einem Buch vereinigt worden, das im Gottesdienst vorgelesen wurde. Durch diesen gottesdienstlichen Gebrauch kamen dann noch weitere kleine Zusätze zum Buch.

In Israel wird geredet. Die Preise fallen. Die Richter sind bestechlich
1. Amos hat eine Vision Heuschrecken zerstören Samaria. 2 Noch eine Vision: Samaria brennt.

*Erzählung*

In einem kleinen Haus in der Stadt Thekoa wohnt der Bauer Amos. Thekoa liegt im Land Juda, dort, wo die Steinwüste anfängt und die Berge steil zum Toten Meer hinabfallen.
Amos ist klein von Wuchs, wie es die Bergler sind. Er hat einen wilden Bart und kräftige Muskeln an seinen haarigen Armen. Amos beobachtet alles ganz genau, was um ihn vorgeht. Er denkt darüber nach, und wenn er redet, dann sagt er gerade heraus, was er denkt.
Amos ist selten zu Hause. Meist zieht er mit seinen Schafen von Weidplatz zu Weidplatz. Im Frühjahr pflügt er seinen Acker. Und zwischendurch kümmert er sich um seine Maulbeerfeigenbäume. Fünfmal im Jahr tragen sie Früchte. Die Früchte sind klein und so bitter, daß Amos vor der Ernte jede Feige mit einem Messer anritzen muß, damit der bittere Saft herausfließen kann. Aber auch so schmecken die Maulbeerfeigen nicht besonders gut. Nur arme Leute kaufen sie.
Immer im Frühling, wenn die Bauern und Hirten ihre Schafe geschoren haben, kommt der Kaufmann Palti von Jerusalem nach Thekoa. Palti kauft ihnen die Schafwolle ab. Auch heute schleppen sie die Wolle in Bündeln auf den Markt. Der Kaufmann Palti wiegt die Wolle und gibt jedem sein Geld.
Der erste, der an die Reihe kommt, ist der Schafhirt Elieser. Elieser ist ein armer Schlucker. Er besitzt keinen Acker. Aber er hat acht Kinder, und seine alten Eltern leben auch noch bei ihm zu Hause. Manchmal weiß Elieser kaum, woher er das Brot nehmen soll, um alle hungrigen Mäuler zu stopfen. Heute aber ist Elieser fröhlich.
»Wißt ihr«, fragt er den Amos und die andern Bauern, »wißt ihr, was ich mit dem Geld kaufe, das ich für die Wolle bekomme?«
Natürlich wissen es alle schon längst, denn Elieser spricht seit Wochen von nichts anderem. Aber die Bauern wollen ihm die Freude nicht verderben.
»Sag uns, was du kaufst, Elieser!« sagt Amos.
»Also zuerst kauf ich Gerste und einen halben Scheffel Weizen. Dann kauf ich dem Amos einen Korb Maulbeerfeigen ab, und auf dem Markt hol ich ein Stück himmelblaues Tuch. Und dann geh ich heim und sag zu meiner Frau: Frau, hier hast du ein Stück himmelblaues Tuch! Näh dir ein Festkleid! Und für die Kinder kannst du vom Weizenmehl und den Maulbeerfeigen Kuchen backen!«
Elieser lacht übers ganze Gesicht, als ihm der Kaufmann Palti das Geld für die Wolle in seine schwielige Hand zählt.
»Wieviel hast du mir gegeben?« fragt Elieser.

»Zwanzig Silberstücke!«
»Aber... das... das... kann doch nicht stimmen«, stammelt Elieser. »Ich hab dir doch zwei Bündel Wolle verkauft. Gleich viel wie letztes Mal. Und damals hast du mir dreißig Silberstücke gegeben!«
»Das ist vor einem Jahr gewesen«, sagt der Kaufmann. »Heute ist alles anders. Die Großhändler in Jerusalem bezahlen immer weniger für die Wolle. Glaub mir: Ich kann dir nicht mehr als zwanzig Silberstücke geben. Sonst verdiene ich nichts mehr an der Wolle.«
Jetzt lacht Elieser nicht mehr. Tränen stehen ihm in den Augen. »Jetzt kann ich das himmelblaue Tuch nicht kaufen», sagt er. »Und Maulbeerfeigenkuchen gibt es auch nicht.«
Die andern Bauern fangen an zu schimpfen. Ein paar fluchen. »Halsabschneider!« rufen sie. »Blutegel! Armeleuteschinder!«
Palti fuchtelt mit den Händen in der Luft herum. »Ich kann doch nichts dafür!« ruft er. »Ich hab es euch doch schon gesagt: die Händler in Jerusalem bezahlen immer weniger. Und warum? Weil die Großbauern in Israel die Wolle zu Schleuderpreisen auf die Märkte bringen. Da können die Kleinbauern und die Hirten, die keine großen Herden haben, nicht mehr mithalten. Sie müssen zuerst ihre Schafe und dann ihre Äcker und zuletzt noch ihre Häuser an die Großbauern verkaufen. Und wenn sie alles verkauft haben, dann treiben die Großbauern die Preise wieder in die Höhe.«
»Aber das ist doch nicht recht«, sagt Elieser.
»Die fragen doch nicht, was recht ist«, sagt Palti und hebt ein Bündel Wolle auf die Waage. »Die wollen nur immer reicher und reicher werden. Ich könnte euch noch anderes erzählen aus Israel. Kürzlich hat einer einem Taglöhner ein Stück Leder für ein Paar Sandalen verkauft. Der Taglöhner hat nicht bezahlen können. Und dann hat er für den Fetzen Leder zwölf Tage arbeiten müssen.«
»Gibt es denn keine Richter in Israel?« fragt Elieser.
»Doch«, antwortet Palti. »Aber wer ihnen am meisten Geld gibt, der bekommt Recht. Die Richter sind bestechlich.«
»Das glaub ich nicht«, sagt Amos. »So schlimm kann es in Israel nicht sein! Die haben doch den gleichen Gott und die gleichen Gesetze wie wir!«
»Wenn du es nicht glaubst«, sagt Palti beleidigt, »warum gehst du dann nicht selber nach Israel? Aber gib mir jetzt deine Wolle! Ich hab genug geredet. Jetzt wird gearbeitet!«
Als Amos die Wolle verkauft hat, geht er zu seinen Schafen. Die Schafe grasen am Rand der Wüste. Zwei Hirten hüten sie. Die Hirten helfen Amos bei der Arbeit. Amos freut sich, daß die kalte Regenzeit vorbei ist. Warm scheint die Sonne. Aus dem Boden sprießt Gras, und die Bäume werden grün.

Es ist Mittag. Amos nimmt aus seinem Beutel Brot, Oliven und getrocknete Maulbeerfeigen. Die Hirten schöpfen aus dem Brunnen Wasser. Sie essen und trinken. Nach dem Essen legt sich Amos in den Schatten eines Olivenbaums und schläft ein.
Auf einmal fährt er hoch. Irgend etwas hat ihn geweckt. Ihm ist so, als sei es dunkel geworden. »Hab ich so lange geschlafen?« denkt Amos. »Ist es schon Abend? Oder verdecken Wolken die Sonne?«
Amos reibt sich die Augen aus. Da sieht er einen Schwarm Heuschrecken. Sie kommen von Norden her geflogen: eine gewaltige, schwarze, drohende Wolke. Amos erschrickt. Die Wolke fliegt auf ihn zu. Im Nu ist das Gras übersät mit Heuschrecken. Da sieht Amos, daß es gar keine gewöhnlichen Heuschrecken sind. Denn sie werden größer und größer. Jetzt sind sie so groß wie Pferde. Und plötzlich wachsen um Amos herum Häuser aus dem Boden. Eine ganze Stadt! Amos sieht die Stadtmauer, die Tore, den Königspalast, Gärten, Bäume und Blumen. Und Amos weiß: Das ist die Stadt Samaria. Und die großen Heuschrecken trampeln in der Stadt umher. Sie fressen mit ihren gewaltigen Mäulern die Bäume, das Gras und die Blumen. Mit ihren Füßen zerstampfen sie die Häuser, und alles – die Mauer, die Tore, der Königspalast – fällt in Trümmer.
»Nein!« schreit Amos. »Die Menschen in Israel haben gesündigt! Aber vergib ihnen doch, Gott! Zerstör Samaria nicht!«
Da hört Amos eine Stimme. »Ich tu es nicht!« sagt sie.
Amos wirft sich ins Gras. Sein Mund ist trocken. Seine Hand zittert, als er nach dem Wasserschlauch greift. Hastig trinkt er. Als er aufschaut, sieht er, daß es später Nachmittag ist. Die Schatten sind lang. Friedlich weiden die Schafe. Die Hirten sitzen auf dem Brunnenrand und reden miteinander. Ein paar Heuschrecken hüpfen durchs Gras.
»Habt ihr den Heuschreckenschwarm nicht gesehen?« fragt Amos die Hirten. Die Hirten schütteln ihre Köpfe. »Und die Stadt, und die Häuser, und den Königspalast?« stammelt Amos. »Alles zerstampft, alles kahlgefressen?«
»Du hast geträumt, Amos«, sagt einer der Hirten. »Einen bösen Traum hast du gehabt.«
Aber Amos weiß, daß er nicht geträumt hat. Er hatte etwas gesehen, was nicht draußen in der Natur passiert ist. Sondern Gott hatte ihm etwas gezeigt: Ein Unheil, das von Norden herkommt: Soldaten, Pferde, Krieg. Die Zerstörung der Stadt Samaria, weil die Menschen dort Unrecht taten.
Und doch – wie hatte die Stimme gesagt?
»Ich tu es nicht!« hatte sie gesagt.

*

Ein Monat vergeht. Es ist Sommer. Amos und die Hirten ziehen mit den Schafen von Weidplatz zu Weidplatz. Am Abend tränken sie die Schafe. Die Hirten schöpfen das Wasser mit einem Ledersack aus dem Brunnen. Sie schütten das Wasser in hölzerne Tränkrinnen.
Amos sitzt auf dem Brunnenrand. Nahe beim Brunnen liegt ein Acker. Ein Bauer hat Gerste gepflanzt. Die Halme sind schon hoch. Bald ist Erntezeit.
Amos schaut über das Feld hinweg auf die Hügel am Horizont. Über den Hügeln steht der glutrote Ball der untergehenden Sonne. Und mit einem Mal kommt es Amos so vor, als ob die Hügel anfangen zu brennen. Ein großes Feuer frißt sich die Hänge herunter. Schon züngeln die Flammen im Gerstenfeld. Da steigt im Brunnen das Wasser hoch. Eine Welle schwappt über den Brunnenrand. Das Wasser schwillt zu einer Flut an. Die Wasserflut wälzt sich auf das Feuer zu. Jetzt prallen das Wasser und das Feuer aufeinander. Es zischt. Es kocht. Es brodelt. Eine Dampfwolke steigt zum Himmel. Und jetzt sieht Amos durch den Dampf hindurch eine Stadt. Es ist die Stadt Samaria. Glutrot ist sie. Die Häuser brennen. Die Straßen brennen. Und das Feuer frißt sich weiter, bis das ganze Land ein einziges Flammenmeer ist.
»Nein!« ruft Amos. »Die Menschen in Samaria und in Israel haben gesündigt! Aber vergib ihnen doch, Gott! Zerstör Samaria nicht!«
Da hört Amos eine Stimme. »Ich tu es nicht!« sagt die Stimme.
Amos fährt sich mit der Hand über die Augen. Sein Herz schlägt wie wild. Er zittert am ganzen Körper. Aber als er aufschaut, trinken die Schafe noch immer. Rot versinkt die Sonne hinter den Bergen, und die Gerstenhalme bewegen sich im Abendwind.
In dieser Nacht kann Amos nicht schlafen. »Gott hat mir zwei Zeichen gegeben«, denkt er. »Aber was soll ich denn machen?«
Am andern Morgen sagt Amos zu den Hirten: »Ich muß nach Samaria gehen! Ich muß sehen, ob das stimmt, was der Palti erzählt hat. Hütet die Schafe allein! Bis zur Erntezeit bin ich wieder zurück!«

# Amos in Samaria

Amos 6,1–7. 8–10

*Vorbemerkungen*

Die beiden Prophetensprüche, zu denen einige Ausleger auch noch die Verse 13 und 14 hinzunehmen, richten sich gegen die führenden Kreise in Samaria. Vers 1 wird wohl besser übersetzt mit: »Wehe denen, die stolz sind auf Zion...«, denn kurz vor seinem Tod hatte Joas von Israel, der Enkel Jehus, den König Amazja von Juda bei der Schlacht von Beth-Semes besiegt. Er ließ einen Teil der Mauern in Jerusalem niederreißen und plünderte die Schatzkammern des Tempels und des königlichen Palastes auf dem Zion. Auf diesen Sieg war Israel – wie auch auf die Kriegserfolge gegen Damaskus – stolz. Amos jedoch führt den Israeliten das Beispiel anderer Städte (*Kalne* in Nordsyrien, *Hamath* am Orontes und *Gath* im Philisterland) vor Augen, die auch Macht besaßen und dann von einem noch Stärkeren (wahrscheinlich Assyrien) unterworfen wurden. Statt von Israel redet Amos, wie andere Propheten auch, von *Jakob*, der das Land personifiziert. Die Verse 9 und 10 schildern in einem erschreckenden Bild den »Tag Jahwes«: Der im Haus noch allein am Leben Gebliebene hat sich in einen Winkel verkrochen und antwortet auf die Frage des Leichenbestatters, ob noch jemand da sei, mit einem: »Still!«, aus Angst, Jahwe könnte ihn hören und auch ihn sterben lassen.

*Erzählung*

Amos ist auf dem Weg nach Samaria. Er kommt durch die Stadt Bethlehem, wo vor bald 250 Jahren der König David als Bub die Schafe gehütet hat. Eine Stunde später geht er durch das Stadttor von Jerusalem. Auf dem Berg Zion sieht er den Palast des Königs Usia und daneben den Tempel, den der König Salomo gebaut hatte. Ein Teil der Stadtmauer von Jerusalem ist noch nicht aufgebaut. Joas, der Vater von König Jerobeam II. von Israel, hatte sie niedergerissen, als er vor ein paar Jahren Jerusalem überfallen hatte.
Ein paar Stunden später erreicht Amos die Stadt Gibea. Von weitem schon sieht er die Burg, wo vor langer Zeit König Saul gewohnt hat. Gibea gehört zum Reich Israel. Am Stadttor sitzt ein Soldat. Er hat ein rotes Gesicht, eine blaue Nase und einen Speer in der Hand. Sein Atem riecht nach Wein.
»Wer bist du?« fragt der Soldat.
»Amos aus Thekoa im Staat Juda.«
»Wohin gehst du?«

»Nach Samaria.«
»Wenn du dich ruhig verhältst«, sagt der Soldat, »und keine Schmähreden gegen den König Jerobeam führst, kannst du nach Samaria gehen.«
Amos wandert weiter. Er kommt vorbei an Rama, wo einst der Prophet Samuel gewohnt hatte. Er kommt vorbei an Bethel, wo Jakob im Traum die Himmelsleiter gesehen hatte, und wo jetzt Pilger in Scharen zum Tempel hinaufströmen. Er kommt vorbei am Heiligtum von Silo, wo Samuel beim Priester Eli aufgewachsen war.
Endlich, am Morgen des dritten Tages, sieht Amos in der Ferne die Hauptstadt des Reiches Israel. Die Straße führt zum Stadttor hinauf. Auf dem Platz hinter dem Tor ist Markt. Auf Tüchern haben Bauern am Boden Bohnen, Zwiebeln, Knoblauch, Kümmel und Dill aufgeschichtet. Eine alte Bäuerin sitzt hinter einem Honigtopf. Ein Vogelfänger verkauft Wachteln. Eine fette Magd zerrt ein Mastkalb an einem Strick hinter sich her. Das Kalb brüllt. Die Magd lacht. »Du brüllst nicht mehr lang«, sagt sie zum Kalb. »Heute abend kochst du im Kessel!«
Die Magd wendet sich an die Bäuerin hinter dem Honigtopf. »Meine Herrschaften feiern nämlich ein Fest«, sagt sie. »Es gibt Lammpasteten, Fische aus dem See Genezareth, Eierkuchen, und der Wein fließt in Strömen!«
Die Magd geht in eine schmale Gasse hinein. Beim Eingang der Gasse bauen zwei Männer an einem Haus. Die Mauern sind noch niedrig. Die Arbeiter schichten einen Stein auf den andern.
Die Magd steigt die Gasse hinauf, und Amos folgt ihr. Längs der Gasse stehen stattliche Häuser in schmucken Gärten. Einige Häuser haben Stallungen angebaut. Vor einem Stall striegelt ein Knabe einen Rappen. Sein schwarzes Fell glänzt wie Seide.
Da hört Amos hinter sich Stimmen: »Platz da! Auf die Seite!«
Vier Männer keuchen die Gasse herauf. Sie tragen ein Bett auf den Schultern. Es ist ein großes Bett; fast so breit wie die Gasse. Die Träger stellen das Bett neben Amos ab und ruhen sich aus. Der Schweiß läuft ihnen über die nackten Oberkörper.
Amos schaut sich das Bett an. Es ist aus poliertem Zedernholz gemacht. Die Bettpfosten sind mit Schnitzereien aus Elfenbein verziert: Löwen, Elefanten, Palmen und Blumen.
Amos schüttelt den Kopf. Er schläft nie in einem Bett, sondern immer in seinen Mantel eingewickelt auf dem Boden.
»Da staunst du, Bauer«, sagt einer der Träger. »So etwas sieht man nicht alle Tage!«
»Wem gehört es?« fragt Amos.

»Dem Michael gehört es«, sagt der Träger. »Der ist einmal ein Bauer gewesen wie du. Dann ist er immer reicher geworden. Immer mehr Land hat er bekommen. Jetzt wohnt er in dem Haus dort droben. Das Bett kommt von Tyrus. Zweihundert Lot Silber hat es gekostet. Davon könnten wir vier und unsere Familien zwei Jahre lang leben.«
Die Träger heben das Bett hoch und gehen weiter. Amos hört leise Harfentöne. Er geht dem Klang nach. Er schlüpft durch ein halboffenes Tor. Auf einmal steht er in einem großen Garten. Im Garten wachsen Palmen. In einem Weiher schwimmen Fische. Zwischen den Stauden sieht Amos das Haus. Ein Zimmer ist gegen den Garten hin offen. Das Zimmer ist mit geschnitztem Holz getäfelt. An der Decke hängt ein Käfig. Im Käfig hüpft ein Vogel mit bunten Federn von einer Stange auf die andere. Am Boden des Zimmers liegen rote Polster. Auf einem der Polster sitzt eine dicke Frau. Sie hat lange Augenwimpern, und auf ihr schwarzes Haar hat sie Goldstaub gestreut. Mit ihren rotgefärbten Fingernägeln fischt sie gesalzene Pistaziennüsse aus einer silbernen Schale. Sie schiebt die Nüsse in den Mund und schleckt an den Fingerspitzen. Neben der Frau kniet eine Sklavin und poliert ihr die Zehennägel. In der Ecke des Zimmers sitzt ein Knabe und spielt auf einer Harfe. Parfümduft weht vom Zimmer in den Garten hinaus.
Wieder schüttelt Amos den Kopf und geht weiter. Im Hof des Nachbarhauses sitzen drei Männer um ein Brett und würfeln. Sie tragen Festkleider. Neben jedem Mann liegt ein kleiner Haufen Goldstücke.
»Dreimal die Sechs!« ruft einer und schlägt sich auf den Schenkel. »Ich hab gewonnen! Jeder muß mir zehn Goldstücke geben.«
»Ich setz vier Goldstücke auf den nächsten Wurf!« sagt der andere. »Ich hab genug Geld. Es sind wieder zwei Bauern verlumpt. Ich habe ihre Äcker und Häuser bekommen. Und gerade vorher haben sie mir mein Elfenbeinbett gebracht!«
Der dritte Mann klatscht in die Hände. An seinen Fingern funkeln goldene Ringe mit Edelsteinen. »Deborah!« ruft er. »Bring uns Wein!«
Aus dem Haus kommt eine Magd mit drei Bechern Wein. Die Männer schütten den Wein hinunter. »Bring mehr Wein, Deborah!« gröhlt der Mann. »Heute wollen wir uns wieder einmal so richtig vollsaufen!«
Amos geht weiter. Er kommt am Palast des Königs Jerobeam vorbei. Auf dem Platz vor dem Palast ist immer noch der Teich, den vor vielen Jahren König Omri hatte bauen lassen. Von hier führt eine schmale Gasse zum hinteren Stadttor. Das Tor ist klein. Amos geht zur Stadt hinaus. Da rümpft er die Nase. Ein fürchterlicher Gestank schlägt ihm entgegen. Das kleine Tor ist das Misttor. Vor dem Misttor liegt der Abfallhaufen der Stadt. Aller Unrat von Samaria, alles was stinkt, sammelt sich hier.

Amos hört Stimmen. Auf dem Abfallhaufen stehen zwei Frauen. Sie sind barfuß. Mit ihren Händen wühlen sie im Dreck.
«Ich hab etwas!« kreischt eine der Frauen. Sie zerrt den blutigen Kopf einer geschlachteten Kuh aus dem Unrat. »Das gibt eine Suppe!« schreit sie. »Eine Fleischsuppe für meine Kinder!«
Da stürzt sich die andere Frau auf sie. Sie reißt ihr den Kuhkopf aus den Händen. »Ich hab den Kopf zuerst gesehen!« ruft sie. »Er gehört mir! Meine Kinder haben auch Hunger!«
Die beiden Frauen wälzen sich im Dreck. Sie reißen sich an ihren klebrigen, strähnigen Haaren. Sie schlagen mit den Fäusten aufeinander ein. Das Volk läuft zusammen. »Hau ihr eine auf den Hintern!« ruft ein Mann. Alle lachen.
Erschreckt geht Amos davon. Er kommt an den verwahrlosten Zelten und den elenden, aus Ästen geflochtenen Hütten vorbei. Die Trampelwege zwischen den Hütten sind glitschig und voller Kot. Schmutzige Kinder spielen vor den Zelten. Sie strecken Amos ihre mageren Arme entgegen. »Brot!« betteln sie. »Brot!«
Amos eilt durch das Misttor in die Stadt zurück. Er geht durch die Ringgasse. Aus der Schenke »Zum Lachenden Esel« hört er gröhlende Stimmen. Ein paar Betrunkene sitzen um einen Tisch. Ein Weinkrug geht von Hand zu Hand, von Mund zu Mund. Ein paar singen: »Lasset uns essen und trinken, denn morgen sind wir tot!«
Einer steht auf. Schwankend geht er auf Amos, der unter der Tür steht, zu. »Ich heiße Ephraim«, lallt er. »Früher bin ich der Bauer Ephraim gewesen. Dann hat mir der Michael den Acker genommen. Jetzt bin ich der Säufer Ephraim.«
Alle lachen. »Komm zu uns, Fremder!« ruft einer. »Und spendier uns eine Runde!« Aber Amos eilt schon weiter.
Auf dem Platz beim Stadttor laden die Bauern ihre leeren Körbe auf die Maulesel. Kinder springen umher. Frauen mit Krügen auf dem Kopf holen am Brunnen Wasser. Am Eingang zur Gasse bauen die beiden Arbeiter immer noch am Haus. Die Mauer ist jetzt schon so hoch wie ein Mensch. Einer der Arbeiter steigt mit einem Senkblei auf die Mauer und prüft, ob sie gerade ist. Aber die Mauer ist krumm.
Amos starrt wie gebannt auf das Senkblei. Auf einmal ist ihm, als ob hinter dem Mann mit dem Senkblei der Schatten einer großen Gestalt gegen den Himmel wachsen würde. Und da hört Amos auch schon die Stimme: »Amos, was siehst du?«
»Ein Senkblei!« gibt Amos zur Antwort.
Da sagt die Stimme: »Ich, Gott, lege das Senkblei an mein Volk Israel. Und weil Israel wie diese Hausmauer ist – schräg und nutzlos –, will ich ihm

nicht länger vergeben. Israel wird zerstört. Samaria wird zerstört. Und das Königshaus wird verwüstet.«

»Tu es nicht!« will Amos rufen. Aber da ist die Gestalt verschwunden, und Amos hört keine Stimme mehr. Die Kinder spielen noch immer auf dem Marktplatz. Bauern treiben ihre Esel zum Tor hinaus, und auf der Hausmauer steht der Arbeiter mit dem Senkblei und schimpft. »Die Mauer ist schief!« ruft er dem andern zu und stößt mit dem Fuß die Steine auf die Gasse hinunter.

Jetzt weiß Amos, daß er den Menschen in Israel das Gericht Gottes mitteilen muß. Wie der Bote des Königs Botschaften in die Städte und Dörfer bringen muß, so muß er als Gottesbote das, was nur er gesehen und gehört hat, den Menschen sagen.

»Ich hab eine Botschaft für euch!« ruft Amos. Männer, Frauen und Kinder kommen zu ihm.

»So spricht Jahwe«, ruft Amos.
»Weh den Sorglosen und Stolzen in Samaria!
Weh den Vornehmen in Israel!
Die ihr liegt auf Elfenbeinbetten
und lümmelt auf eurem Diwan!
Die ihr freßt fette Lämmer
und das Fleisch von Mastkälbern!
Die ihr klimpert auf der Harfe
und erfindet Gesangsinstrumente wie David.
Die ihr trinkt vom feinsten Wein
und versalbt die feinsten Öle,
aber euch nicht kümmert um das Elend der Armen!
Darum spricht Jahwe, der Herr:
Fort mit euch, in die Verbannung mit euch,
verbannt an der Spitze der Verbannten.
Da verlernen das Lärmen die Lümmel,
spricht Jahwe, der Gott der Heerscharen!«

»Er ist verrückt!« rufen die Leute. »Er spinnt! Wir sollen in die Verbannung gehen? Wir, die wir alle Feinde besiegt haben? Und warum? Was haben wir gemacht?«

»Hört dies«, ruft Amos, »ihr Zertreter der Armen!
Die ihr die Niedern im Lande bedrückt!
Die ihr sagt: Hoffentlich ist der Feiertag bald zu Ende,
damit wir nach dem Gottesdienst Kornabfall verkaufen
und das Maß klein und den Preis groß machen können!
Damit wir die Waage fälschen und den Armen
zum Sklaven machen, wenn er uns ein Paar Schuhe schuldet.

So spricht Jahwe, der Herr:
Nie vergeß ich ihre Taten!
Ich verwandle eure Feste in Trauer,
in Grabgesang eure Lieder.
Trauerkleider sollt ihr tragen
und eure Haare abschneiden!«

Amos bahnt sich einen Weg durch die Menge und geht zum Stadttor hinaus. Die Leute lachen. »Der ist total verrückt«, sagen sie. Aber ein paar sagen: »Er hat im Namen Gottes geredet. Vielleicht ist er ein Prophet, wie Elia einer gewesen ist.«

## Bethel

Amos 5,4–7; 5,18–25; 7,10–17

*Vorbemerkungen*

*Bethel* (»Haus des Gottes El«) war schon vor der Einwanderung der Israeliten ein bedeutender Ort. Er lag 18 Kilometer nördlich Jerusalem an der Kreuzung der Straße, die von Norden nach Süden über das Hochland führte, und des Wegs, der das Mittelmeer mit dem Jordantal verband. Im Nordosten des Dorfes, wo in späterer Zeit eine byzantinische Kirche und ein Kloster standen und von wo aus man freie Sicht ins Jordantal hat, dürften auch die kanaanäischen und die israelitischen Kultstätten gelegen haben. Jedenfalls war Bethel eines der ältesten Jahwe-Heiligtümer in Israel. Nach 1. Mose 12,8 soll Abraham hier einen Altar gebaut haben, und Jakob hatte an dem Ort seinen berühmten Traum von der »Himmelsleiter«. Ohne Zweifel hat man den Pilgern, die in Bethel opferten, den Stein gezeigt, auf dem Jakob geschlafen und den er nachher als Malstein aufgestellt und gesalbt hat. Es war etwa so, wie man heute an Wallfahrtsorten von wunderbaren Erscheinungen berichtet und dabei den Gegenstand zeigt, der mit diesem Ereignis in Verbindung steht. Die Salbung des Steins, die von den Pilgern nachvollzogen wurde, war – wie die Salbung eines Menschen – Zeichen dafür, daß dieser Gegenstand und mit ihm der Ort, auf dem er stand, vom profanen Bereich ausgesondert und der Gottheit zugeeignet war. Nach der Reichstrennung von 930 v. Chr. wurde Bethel unter Jerobeam I. königliches Heiligtum. Jerobeam ließ »zwei *goldene Kälber«* machen, die er in den Tempeln von Bethel und Dan aufstellte 1. Könige 12,28 ff). Diese Stierbilder stellten aber nicht Gottheiten dar, sondern waren lediglich – wie in Jerusalem die Bundeslade – Schemel für den

unsichtbaren Gott Jahwe. Man vermutet, daß Bethel um 722 v. Chr. beim Einfall der Assyrer zerstört wurde.
Das Heiligtum *Gilgal* (»Steinkreis«) lag in der Jordanebene, nahe Jericho. Zur Zeit Sauls und Davids war es das bedeutendste Nationalheiligtum der zwölf Stämme. Zeitweise wurde dort die heilige Lade aufbewahrt. Nach der Reichstrennung wurde es von Bethel überflügelt, kam aber nach der Revolution Jehus wieder zu Ansehen. Auch *Beerseba*, das ungefähr 80 Kilometer südwestlich von Jerusalem an der Straße nach Ägypten lag, besaß ein Wallfahrtsheiligtum, zu dem die Israeliten gerne pilgerten.
*»Haus Isaaks«* meint hier das Nordreich Israel.
Amos verwirft den Opfer- und Festkult und stellt ihm die Wüstenzeit gegenüber, wo Israel nicht opferte, sondern wo es ohne feste Kultorte ganz dem sich schenkenden und sein Volk führenden Gott vertraute und nach seinen Geboten lebte. Der *Opfergottesdienst* ist in den Einzelheiten kompliziert. Vieles, was mit ihm zusammenhängt, ist noch nicht geklärt oder umstritten. Ich gebe einen Überblick über die wesentlichen Merkmale der blutigen Opfer:

| Opferart | Blut | was auf dem Altar verbrannt wird | was der Priester bekommt | Besonderheiten |
|---|---|---|---|---|
| *Brandopfer* oder Ganzopfer (wird jeden Morgen und Abend dargebracht) | wird an den Altar gesprengt | ganzes Opfertier außer der Haut | – | – |
| *Dankopfer* (freiwilliges Opfer, Gelübdeopfer) | wird an den Altar gesprengt | Fettstücke (großes Netz, Fett an Eingeweiden, beide Nieren mit Fett, Fett der Lende, Lebernetz und bei den Schafen der Fettschwanz) | Bruststück und rechte Keule | übrige Teile waren für die anschließende Opfermahlzeit bestimmt, an der Familienglieder und Gäste teilnahmen. Bei Privatopfern erfolgte Schlachtung des Tiers durch den Spender. |
| *Sündopfer* (wurden u. a. beim Amtsantritt eines Priesters, an jedem Neumond und an allen Festtagen dargebracht | wird an die Hörner des Altars gestrichen oder an den Deckel der Bundeslade gesprengt | Fettstücke | – | Fleisch wurde je nach der Art des Opfers außerhalb des Heiligtums verbrannt oder an heiliger Stätte vom Priester gegessen. |

Psalm 121, den ich in der Erzählung zitiere, ist nach seiner Überschrift ein Wallfahrtslied. Es ist in das Pilgerliederbuch (Psalmen 120–134) aufgenommen worden, weil es bei Wallfahrten nach Jerusalem gesungen wurde. Das heißt aber nicht, daß es nicht auch bei Wallfahrten zu andern Heiligtümern angestimmt worden ist.

kommt nach Bethel. Der reiche Michael opfert ein Stier. Amos sagt Israel wird gehen. Auch der Hohepriester Amazja soll sterben.

*Erzählung*

Amos kommt nach Bethel. Es ist die Zeit des Herbstfestes. In der Stadt wimmelt es von Menschen. Die Herbergen sind überfüllt. Viele Pilger müssen in Zelten schlafen. Aber Amos braucht keine Herberge und kein Zelt. Er legt sich unter einen Olivenbaum und wickelt sich in seinen Mantel. Er ist es gewohnt, im Freien zu schlafen.
Am Morgen wäscht er sich am Brunnen. Dann betet er:

»Vom Aufgang der Sonne
bis zu ihrem Niedergang
sei gelobet der Name des Herrn!«

(Psalm 113,3)

Nach dem Gebet ißt er Brot und trinkt Wasser. Dann geht er in die Stadt. Er mischt sich unter die Menge der Pilger. Auf dem Marktplatz verkaufen Händler Andenken. Amos sieht, daß auf fast allen Andenken der Tempel von Bethel abgebildet ist. Er ist auf bunte Tücher gemalt, in silbrige Armspangen eingeritzt und in Schmuckkästchen aus Olivenholz eingebrannt. Ein paar Händler verkaufen kleine Steine. Aber es sind keine richtigen Steine. Sie sind aus Ton geformt, und alle sehen genau gleich aus.
»Das ist ein ganz schönes Andenken an den Stein von Bethel!« sagt einer der Händler zu Amos. »Kauf einen solchen Stein und bring ihn deiner Frau nach Hause. Er bringt Glück und kostet nur zwei Silberstücke.«
Viele Pilger kaufen den Stein von Bethel. Aber Amos kauft keinen.
»Jakobsöl! Jakobsöl!« ruft eine Frau. Sie sitzt hinter einem Tisch, auf dem kleine Tonkrüge stehen. »Alle Pilger kaufen Jakobsöl!« ruft sie.
Aber Amos kauft kein Jakobsöl.
Am Ende des Platzes verkaufen Händler Opfertiere: Tauben und Schafe für die ärmeren, Stiere für die reichen Pilger.
»Ich kauf dir den schönsten Stier ab, den du hast!« ruft ein Mann. Er ruft es so laut, daß es alle hören können. Er trägt ein prunkvolles Festkleid, und an seinen Fingern funkeln kostbare Ringe. »Für Gott ist mir kein Opfer zu teuer!«
»Den habe ich doch schon einmal gesehen«, denkt Amos. Da fällt es ihm ein. »Das ist doch der Reiche von Samaria! Der mit dem Elfenbeinbett! Der Michael!«

Michael hat den Stier gekauft. Er führt das Tier an einem Strick zu seinen Verwandten und Bekannten. Alle loben ihn. »Ein prächtiges Tier hast du da gekauft!« sagen sie.
Michael lacht. »Ich hab den Preis erst noch um zwei Goldstücke heruntergehandelt«, sagt er.
Jetzt bilden sie einen Zug. Michael geht mit dem Tier voraus. Hinter ihm gehen seine Söhne und seine Frau. Dann kommen alle andern Verwandten und Bekannten. Michaels Frau ist dick und schwerfällig. Mühsam schleppt sie sich vorwärts. Sie schnappt nach Luft. »Nicht einmal eine Sänfte gibt es, um sich zum Heiligtum tragen zu lassen!« schimpft sie.
»Es ist ein Opfer für Gott«, sagt Michael.
Jetzt kommen die Pilger zu einer niedrigen Mauer. Am Durchgang steht ein Priester. Er begrüßt die Pilger. Innerhalb der Mauer ist der heilige Bezirk. Die Pilger stimmen ein Lied an. Sie singen:

»Ich hebe meine Augen auf zu den Bergen:
Woher kommt mir Hilfe?
Meine Hilfe kommt von dem Herrn,
der Himmel und Erde gemacht hat.
Er kann deinen Fuß nicht gleiten lassen,
und der dich behütet, schläft nicht.
Der Hüter Israels schläft und schlummert nicht.
Der Herr behütet deinen Ausgang und Eingang
jetzt und immerdar.«

Michaels Frau kann nicht mitsingen. Noch immer ist sie außer Atem. Aber ihre Augen leuchten. »Wie schön!« sagt sie.
Jetzt kommen die Pilger zum Heiligen Stein. Tempeldiener in weißen Mänteln bewachen ihn.
»Auf diesem Stein hat der Erzvater Jakob geschlafen, als er zu seinem Onkel Laban gegangen ist«, sagt Michael. »In der Nacht hat er im Traum die Himmelsleiter gesehen. Engel sind auf- und niedergestiegen, und Gott hat zum Jakob gesagt: Das Land, auf dem du schläfst, will ich dir und deinen Nachkommen geben! Da ist Jakob erwacht und hat gesagt: Hier ist nichts anderes als Gottes Haus, hier ist die Pforte des Himmels. Dann hat er den Stein da aufgerichtet, hat Öl darüber gegossen und Gott versprochen, hier einen Tempel zu bauen.«
Die Pilger leeren ihre Ölkrüglein, die sie gekauft haben, an den Stein. Dann gehen sie zum Tempel. Der Tempel ist aus Stein gebaut. Vorne hat er Säulen. Das Tor aus Holz steht weit offen. Hinten im Tempel steht ein aus Holz geschnitzter Stier, der mit Goldblech überzogen ist. Die Pilger wissen, daß auf dem Stier der unsichtbare Gott Jahwe thront.
Vor dem Tempel steht ein aus vielen aufeinandergeschichteten Steinen

gebauter Altar. Der Altar ist fast zweimal so groß wie ein Mann. Eine steinerne Treppe führt zum Altar hinauf. Unten an der Treppe stehen zwei Tempeldiener mit Seilen. Um den Altar herum ist die Erde rot.
Jetzt kommt aus dem Tempel ein Mann. Er hat einen schwarzen Bart. Auf dem Kopf trägt er einen Turban. Ein langer blauer Rock bedeckt seinen Körper. Der Mann ist barfuß. Er heißt Amazja und ist der höchste Priester von Bethel. Ehrfürchtig verneigen sich Michael und seine Familie vor ihm. Amazja schaut den Stier genau an. »Das ist ein sehr schönes Tier«, sagt er zu Michael. »Das kannst du opfern.«
Michael legt seine Hand auf den Kopf des Tieres. »Ich schenke den Stier Gott«, sagt er. Jetzt geht alles ganz schnell. Die Männer mit den Seilen fesseln die Beine des Ochsen. In Michaels Hand blitzt ein Messer auf. Aus dem Hals des Tieres schießt ein Blutstrom. Priester fangen das Blut in goldenen Schalen auf. Sie gehen mit den Schalen um den Altar herum und gießen das Blut über die Steine. Das Blut rinnt über die Steine und versikkert im Boden. Dann nehmen die Priester das Tier aus. Sie legen das Fett und die Eingeweide in Schalen. Amazja steigt mit den Schalen auf den Altar und wirft das Opfer ins Feuer. Dann singt er ein Lied. Der Rauch steigt vom Altar gegen den Himmel.
»Wie schön!« sagt Michaels Frau. »Der liebe Gott nimmt unser Opfer an.«
Jetzt ist die Opferfeier zu Ende. Nicht weit weg vom Altar stehen Tische, Bänke und große Kochtöpfe. Ein Teil des Opferfleisches bekommt der Priester. Der Rest wird in den Töpfen gekocht. Wein wird herbeigeschafft. Alle setzen sich und essen und trinken. Und je länger sie essen und trinken, desto lauter reden sie.
Michael steht auf.
»Ich will ein paar Worte an euch, meine lieben Söhne und Schwiegersöhne und an alle meine Verwandten und Bekannten richten«, sagt er. »Gott Jahwe hat uns und unser Land gesegnet. Er hat uns Äcker gegeben. Er hat uns Brot gegeben. Er hat uns Wein gegeben. Er hat uns Siege gegeben. Aber bald wird ein noch viel schönerer Tag kommen: der Tag des Herrn. Da wird Gott vor uns her in den Krieg ziehen, und alle unsere Feinde werden besiegt. Und dann regieren wir über alle Völker der Erde. Und es wird ein Tag des Lichtes und ein Tag der Freude und ein Tag des Jubels sein.«
Da hört man vom Altar her ein zorniges Lachen. Ein Mann steht dort. Der Mann ist Amos.
»Ha!« ruft Amos. »Ihr, die ihr euch nach dem Tag des Herrn sehnt: meint ja nicht, daß dieser Tag ein Tag des Lichtes und der Freude ist. Sondern das wird für euch alle ein schwarzer Tag sein. Ein Gerichtstag. Ein Tag ohne Helle und ohne Licht.«

»Halt deinen Mund, wenn ich am Reden bin!« ruft Michael. Aber Amos hört nicht auf Michael.

»So spricht Jahwe!« ruft er.
»Ich hasse, ich verschmähe eure Feste,
und eure Feiern kann ich nicht riechen.
Ich mag eure Gaben nicht,
ich sehe nicht an eure Mastkalbopfer.
Schafft mir fort den Lärm eurer Lieder,
nicht hör ich aufs Spiel eurer Harfen!
Gerechtigkeit aber quelle wie Wasser
und Recht wie ein strömender Bach!«

»Pfui!« ruft Michaels Frau. »Du willst uns nur unser schönes Fest verderben!«

»Hört!« sagt Amos. »Ihr Basankühe!
Die ihr vergewaltigt die Niedern,
die ihr zerdrückt die Armen,
die ihr zu eurem Mann sagt:
Kauf Wein, damit wir trinken!
So wahr ich Gott bin! sagt Jahwe:
Es kommen Tage, da hebt man
euch hoch: an der Nase mit Angeln,
am Hintern mit Fischerhaken.
Und so fliegt auf den Mist ihr!«

»Michael!« kreischt die Frau. »Hast du gehört! Eine Kuh hat er mich genannt! Und am Hintern soll ich mit einem Haken hochgezogen werden!« Aber Amos kümmert sich nicht um die Frau. »Ich habe Heuschrecken gesehen«, sagt er. »Sie haben ein ganzes Feld kahlgefressen. Da hat Gott zu mir gesagt: Genau so wird es der Stadt Samaria und dem Land Israel gehen! Da hab ich gerufen: O Gott, verzeih ihnen doch! Und Gott hat gesagt: Es soll nicht geschehen! Aber dann habe ich Gott mit einem Senkblei auf einer Mauer gesehen. Und er hat gesagt: Ich lege das Senkblei an mein Volk Israel. Ich will ihm nicht länger vergeben. Die Heiligtümer – und auch dieser Tempel dort – werden zerstört, und das Königshaus des Jerobeam wird untergehen!«

»Du bist gegen den König!« ruft Michael. »Du bist ein Aufrührer! Wer gibt dir überhaupt das Recht, unser Fest zu stören und hier das große Wort zu führen?«

»Ich bin der Bauer Amos aus Thekoa in Juda«, sagt Amos. »Und Gott hat mir den Befehl gegeben, hierher zu kommen.«

«Habt ihr gehört?« ruft Michael. »Aus Juda kommt er. Dann soll er doch nach Juda zurück gehen und dort seine Sprüche klopfen!«

Amos verläßt den Platz wortlos. Er geht ins Dorf hinunter. Da geht Michael zum Priester Amazja und beschwert sich bei ihm über den Störenfried Amos.
»Wir haben ab und zu solche Hitzköpfe hier«, sagt Amazja. »Es lohnt sich nicht, daß man sich ihretwegen aufregt.«
Aber am nächsten Tag redet Amos wieder auf dem Tempelplatz von Bethel.
»Gottes Gericht kommt über euch und diesen Tempel!« sagt er. »Der König und ihr alle müßt in die Verbannung gehen.«
Jeden Tag kommt Amos. Und immer sagt er das gleiche. Da beschweren sich immer mehr Pilger beim Oberpriester Amazja.
Als Amos eines Tages wieder geredet hat und zurück in die Stadt gehen will, stellen sich ihm zwei Männer in den Weg.
»Wir sind von der Tempelpolizei«, sagt einer der beiden. »Der Oberpriester Amazja hat uns zu dir geschickt. Komm mit uns!«
Die Männer gehen mit Amos in ein Gebäude, das am Rand des Tempelplatzes steht. In dem Haus sind die Arbeitsräume der Priester und all der Männer untergebracht, die am Heiligtum arbeiten. Die Männer führen Amos zu Amazja. Amazja sitzt mit andern Priestern an einem Tisch.
Amazja schaut Amos streng an.
»Ich selber mache mir nichts aus deinen Reden, die du jeden Tag vor dem Tempel hältst«, sagt Amazja. »Aber du störst unsere Gottesdienste. Die Pilger und die Händler beschweren sich bei mir über dich. Du beschimpfst sie und unsere Lieder und unser Opfer. Darum habe ich dem König Jerobeam gestern eine Meldung machen müssen. Ich will sie dir vorlesen.«
Amazja beugt sich über eine Tonscherbe, die vor ihm auf dem Tisch liegt. Auf die Tonscherbe sind mit Tinte Buchstaben geschrieben. Amazja liest:
»An meinen Herrn Jerobeam, König von Israel, von seinem Knecht Amazja, Oberpriester am Heiligtum von Bethel. Ein Mann namens Amos aus Thekoa in Juda stiftet hier Aufruhr gegen dich an. Er hat gesagt, daß du, der König von Israel, umkommst, und daß das ganze Volk in die Verbannung gehen muß. Das ertragen die Leute hier nicht. Ich erwarte deine Befehle, was ich mit dem Mann tun soll.«
Amazja wendet sich wieder an Amos.
»Was meinst du, Amos, was der König auf diesen Brief antwortet?«
Amos steht da und schweigt.
»Ich will es dir sagen«, sagt Amazja. »Der König wird mir befehlen: Wirf den Amos ins Gefängnis! Und darum rate ich dir: Geh, so schnell dich deine Beine tragen, zurück in dein Land. Und wenn du unbedingt ein Prophet sein willst, dann prophezeie in deinem eigenen Land oder in deiner

Heimatstadt. Aber hier in Bethel darfst du nicht mehr reden. Denn das hier ist ein Königsheiligtum, und der Tempel von Bethel ist ein Reichstempel.«
»Ich bin kein Prophet, wie du es dir vorstellst«, sagt Amos. »Sondern ich bin ein Bauer. Aber Gott hat mich von meiner Herde weggeholt und gesagt: Geh, verkünde dem Volk Israel das Gericht! Und jetzt: hör gut zu, Amazja, was Gott dir zu sagen hat: Deine Familie wird auseinandergerissen. Deine Söhne und Töchter fallen durch das Schwert. Dein Besitz wird verteilt. Israel muß in die Verbannung gehen. Und du, Amazja: du stirbst in einem fremden Land!«
Amos dreht sich um. Er geht aus dem Haus hinaus und verläßt Bethel. Auf dem Heimweg kommt er nach Jerusalem. In der Stadt geht er zu einem Mann, der schreiben kann.
»Ich darf in Israel nicht mehr reden«, sagt Amos zum Schreiber. »Ich will darum alles, was Gott mir gesagt und gezeigt hat, aufschreiben lassen. Willst du es für mich tun? Ich geb dir für deine Arbeit drei Schafe.«
Der Schreiber ist einverstanden. Amos diktiert ihm die Botschaft Gottes, und der Schreiber schreibt alles auf Pergamentblätter. Dann näht er die Blätter zusammen und rollt sie auf. Später haben dann Freunde des Propheten noch anderes dazugeschrieben. So ist das Buch des Propheten Amos entstanden.

# Jesaja

# Jesaja

Jesaja 5,8–24; 6; 10,1–4; 22,15–25

*Vorbemerkungen*

Neben der Berufungsgeschichte fasse ich in dieser Erzählung die sozialen Mißstände zur Zeit des Jesaja zusammen. Als Grundlage dienen mir die sieben Wehrufe, in denen sich der Prophet gegen Spekulanten, Zecher, Spötter, Rechtsverdreher, Bestechlichkeit und ungerechte Verordnungen wendet. Ich werde diese Weherufe in der folgenden Erzählung (»Das Weinberglied«) wieder aufnehmen.
Die politische Lage zu dieser Zeit ist gekennzeichnet durch das unaufhaltsame Vorrücken Assurs, gegen das sich die kleinen Völker zwischen Mittelmeer und Euphrat vergebens wehrten. 745 v.Chr. war *Tiglath-Pileser* Großkönig über Assur geworden. Er war der erste assyrische König, der die Grenzen der Reiche Israel und Juda überschritt. Wohl bald nach seinem Regierungsantritt hatte er die Könige Rezim von Damaskus, Menahem von Samaria, Hirom von Tyrus und Usia von Jerusalem tributpflichtig gemacht.
In *Juda* war *Usia* schon seit langem aussätzig. Sein Sohn *Jotham* regierte von 741–734 v.Chr. Über das Todesjahr des Usia gibt es verschiedene Ansichten. Wahrscheinlich fällt es in die Zeit zwischen 740–735 v.Chr. Damals wurde Jesaja zum Propheten berufen. Jothams Nachfolger war *Ahas*. Damit es nicht zu viele Königsnamen werden, erwähne ich in den Jesaja-Geschichten nur Ahas und *Hiskia*.
In Israel hatte nach dem Tod Jerobeams II. (753 v.Chr.) eine revolutionäre Phase begonnen. Jerobeams Sohn *Sacharja* wurde nach nur halbjähriger Regierungszeit von einem gewissen *Sallum* erschlagen, der seinerseits bereits einen Monat später von *Menahem* gestürzt wurde. Menahem starb um 742 v.Chr. Sein Sohn *Pekajah* regierte nur zwei Jahre. Dann zettelte sein Adjutant *Pekah* eine Verschwörung an und machte sich in Samaria zum König.
Manche Ausleger nehmen an, daß *Jesaja* (»Jahwe ist Heil«) vielleicht aus adligem oder gar königlichem Geschlecht gewesen sei. Sie schließen das aus einem ungehinderten Verkehr mit dem Königshaus und dem Oberpriester des Jerusalemer Tempels. Aufgrund von Jesaja 20,2 (»Geh, zieh deinen Haarmantel aus...«) wird aber auch angenommen, daß Jesaja die Alltagskleidung des einfachen Mannes trug und ein freier Ackerbürger war. Indessen kann er den »Haarmantel« auch – wie Elia – symbolisch als Prophetenkleid getragen haben. Jesajas Frau wird »Prophetin« genannt. Ob damit der Titel des Mannes auf sie übertragen wird oder ob sie ebenfalls das Prophetenamt ausübte, weiß man nicht. Die Bibel berichtet von

zwei Söhnen Jesajas, die beide symbolische Namen trugen: *Schear-Jaschub* (»Ein Rest kehrt um« Jesaja 7,3) und *Maher-Schalal-Chasch-Bas* (»Raubebald-Eilebeute« Jesaja 8,3). Jesaja ist während ungefähr vierzig Jahren immer dann an die Öffentlichkeit getreten, wenn die Lage es erforderte. Man unterscheidet in seinem Wirken vier Abschnitte: 1). Die Friedenszeit vor 733; 2). Die Zeit des syrisch-ephraimitischen Krieges um 733; 3). Die Zeit der anti-assyrischen Aufstände 713–711; 4). Die Zeit des Aufstandes unter Ägyptens Führung 705–701.

Die Worte Jesajas zu all diesen Ereignissen sind in seinem Buch, das eine komplizierte und in vielen Fragen ungeklärte Entstehungsgeschichte hat, aufgezeichnet. Aber sie sind nicht chronologisch geordnet und außerdem mit Texten, die nicht von Jesaja stammen, vermischt. In der Hauptsache auf Jesaja gehen die Kapitel 1–23 zurück. Wahrscheinlich von späterer Hand verfaßt oder stark überarbeitete Worte Jesajas sind die Kapitel 24–35. Die Kapitel 36–39 erzählen von geschichtlichen Ereignissen zur Zeit des Propheten, und nach Ansicht der meisten Gelehrten sind die Kapitel 40–55 und 56–66 das Werk eines oder zweier anonymer Propheten aus späterer Zeit (»Deuterojesaja« und »Tritojesaja«).

Die *Saraphen* (»Brennende«), die Jesaja bei seiner Berufung sieht, sind geflügelte Wesen, die sich vor Gott befinden, wenn er auf seinem Thron erscheint. In 2. Mose 21,4 bezeichnet das Wort (fliegende) Schlangen oder Schlangendämonen. Wahrscheinlich muß man sie sich auch in der Berufungsgeschichte als tierähnliche Gestalten vorstellen. Jesaja, der – überwältigt und erschreckt – mit dem Heiligen in Berührung gekommen war, wurde sich sogleich seiner Unreinheit bewußt. Während Noah und Abraham noch mit Gott wie mit einem Menschen verkehrten und redeten, gehörte er einem Volk an, das sich von Gott entfernt hatte. Erst nachdem er von seiner Schuld befreit war, konnte er Gottes Stimme hören und mit ihm reden. Beim *glühenden Stein* stelle ich mir ein Stück Holzkohle vor. Jesajas Botschaft sollte im Volk nicht Bekehrung, sondern Uneinsichtigkeit auslösen. Das heißt: Gott hatte über sein Volk das Gericht beschlossen. Jesaja hatte es nur zu verkünden und die Ursachen aufzudecken. Trotzdem erhoffte Jesaja einen Neuanfang nach dem Gericht. Vielleicht ist der *Wurzelstamm* dafür ein Hinweis. Manche Ausleger sehen in ihm den hoffnungsvollen Rest, aus dem ein neues Volk erstehen wird. Andere betonen, die Bedeutung der Stelle sei, daß das Volk »mit Stumpf und Stiel« ausgerottet werde. Es gehe ihm so, wie wenn auf einer Rodung Bäume gefällt worden sind und man die Wurzelstümpfe, deren Ausgrabung zu mühsam war, durch das Feuer für den Pflug unschädlich machte. Ich wähle für die Erzählung die erste Ansicht, um so doch die späteren Verheißungen (besonders im Kapitel 43) sichtbar werden zu lassen.

*Sebna* war nach Jesaja 37,2 und 2. Könige 18,18 Schreiber (hoher Beamter, Kanzler), nach Jesaja 22,15 Palastvorsteher unter Hiskia. Er hatte als Nichtadliger kein Recht auf ein Familiengrab, setzte es aber trotzdem durch. Dem *Eljakim*, der ebenfalls Minister war, drohte Jesaja, daß ihm seine Vetternwirtschaft zum Verhängnis würde. Wie ein Nagel an der Wand die Unmenge von Töpfen, die an ihm hangen, nicht mehr tragen kann und ausreißt, so wird Eljakim und mit ihm seine ganze Sippe stürzen. Von den höchsten Hofbeamten wird 2. König 18,18 noch *Joah* genannt.

## *Erzählung*

Etwa dreißig Jahre, nachdem der Prophet Amos in Israel das Gericht Gottes verkündet hatte, geht im Vorgarten eines schönen Hauses in der Oberstadt von Jerusalem ein Mann auf und ab. Der Mann heißt Jesaja. Er stammt aus einer alten, angesehenen Jerusalemer Familie. Jesaja hält eine Buchrolle in der Hand. Es ist die Buchrolle des Propheten Amos. Jesaja versucht, darin zu lesen. Aber es geht nicht. Er kann seine Gedanken nicht zusammenhalten. Immer wieder steht er still und horcht auf die Geräusche im Haus.

Das Haus hat fünf Zimmer und ein kleines Obergemach auf dem Flachdach. In einem der Zimmer liegt Jesajas Frau auf ihrem Bett. Sie stöhnt. Sie hat Wehen. Sie erwartet ihr erstes Kind. Neben ihr steht die Hebamme. Sie hält die Hand der Frau und redet ihr zu. Im Raum nebenan ist die Küche. Eine Magd facht mit dem Blasbalg das Feuer an. Über dem Feuer hängt ein Wasserkessel.

Draußen wirft Jesaja wieder einen Blick in die Buchrolle. »Mein Kind wird in eine schlimme Zeit hineingeboren«, denkt er. »Es ist heute in Jerusalem nicht anders als zur Zeit des Amos in Samaria. Überall Luxus, Verschwendung, Trunksucht und Ungerechtigkeit.«

Da hört Jesaja das Schreien des Neugeborenen. Er legt die Buchrolle weg und eilt ins Haus. Er geht zu seiner Frau. Ihr Gesicht und ihre Haare sind naß. Im Arm hält sie das neugeborene Kind. Es hat dunkle Haare. Die Mutter lächelt.

»Es ist ein Sohn, Jesaja«, sagt sie.

Jesaja küßt seine Frau und das Kind.

»Ein prächtiger Junge«, sagt die Hebamme. »Dick und gesund. Und eine Stimme hat er! Der wird bestimmt einmal Vorsänger im Tempelchor.«

Die Magd bringt warmes Wasser aus der Küche. Die Hebamme wäscht das Kind. Sie wickelt es in Windeln.

»Wie soll er denn heißen?« fragt sie.

»Restkehrum!« sagt Jesaja.

»Wie?«
»Restkehrum!«
»Aber«, sagt die Hebamme, »das ist doch kein Name!«
»Ich hab dich nicht um dein Urteil gefragt«, sagt Jesaja. »Mach deine Arbeit und schweig!«
Die Hebamme brummt vor sich hin und geht beleidigt hinaus. Jesaja lächelt seiner Frau zu und streicht dem Restkehrum über die schwarzen Haare. »Möge Gott dich segnen«, sagt er.
Eine halbe Stunde später weiß es die halbe Stadt Jerusalem: »Dem Jesaja ist ein Sohn geboren worden. Restkehrum heißt er!«
Viele schütteln den Kopf und sagen: »Der Jesaja ist schon immer ein sonderbarer Kauz gewesen. Aber daß er seinem Erstgeborenen einen solch sinnlosen Namen gibt, hätten wir nie von ihm gedacht!«

*

Etwa zur gleichen Zeit sitzt der berühmte Rechtsgelehrte Zadok hinter seinem Schreibtisch vor seinem Haus in einer Gasse nahe beim Tempel in Jerusalem. Zadok kennt das Recht wie kein Zweiter. Jeden Tag kommen viele Männer aus der Stadt und den umliegenden Dörfern zu ihm, um sich in Rechtssachen beraten zu lassen.
Eben steht der reiche Sephatja vor dem Tisch.
»Also stell dir vor: dieser Tisch ist mein Land«, sagt er. Er steckt seinen Zeigefinger in den Mund und tupft den Speichel auf den Tisch. »Und das da sind meine Ölbäume. Und hier, mitten drin in meinem großen schönen Ölbaumgarten hat der Ephrath fünf lumpige Ölbäume. Ich hab zum Ephrat schon hundertmal gesagt: Was nützen dir die fünf Bäume? Du verschwendest nur deine Zeit, wenn du jedesmal von der Stadt zum Ölberg hinauf gehen mußt. Verkauf mir doch deine Bäume! Aber der Ephrath ist ein sturer alter Esel. Er will einfach nicht verkaufen. Gibt es denn kein Gesetz, mit dem man ihn zwingen kann, mir die Bäume zu geben? Sie stehen ja mitten in meinem Besitz!«
Zadok schüttelt den Kopf. »Es gibt kein solches Gesetz«, sagt er.
»Aber ich muß die Bäume haben«, sagt Sephatja. »Kannst du mir keinen Rat geben, wie ich sie bekommen kann?«
Zadok denkt nach.
»Du hast vorher gesagt, daß der Ephrath stur und alt ist. Da könnten wir zu den Ältesten gehen und sagen: Der Ephrath ist nicht mehr ganz recht im Kopf. Er verschwendet sein Geld. Er weiß nicht mehr, was er sagt und tut. Er vertrottelt. Wenn die Ältesten dann sagen: Man muß dem Ephrat einen Vormund geben! – dann schlage ich dich dafür vor. Und wenn du sein Vormund bist, kannst du mit allem, was dem Ephrath gehört, machen,

was du willst. Du wartest also ein paar Monate. Dann verkaufst du die Ölbäume des Ephrath an mich. Dann warten wir wieder ein paar Monate, und ich verkauf die Bäume dir. Und zuletzt bist du ihr rechtmäßiger Besitzer.«
Sephatja lacht.
»Du bist ein ganz gerissener Bursche, Zadok«, sagt er. »Wenn ich die Bäume habe, bekommst du einen Beutel Silber.«
»Ich will noch mit Sebna, dem Schreiber des Königs Ahas reden«, sagt Zadok. »Der hat großen Einfluß am Hof. Wenn ich ihm und den Ältesten ein schönes Geschenk mache, dann steht der Sache nichts mehr im Weg.«

*

Zur gleichen Zeit sitzt der Schreiber Sebna in seinem Arbeitsraum im Palast des Königs Ahas. Am Boden liegen kostbare Teppiche. Die Wände sind mit Holz getäfelt. Polster aus Leder stehen in einer Ecke. Auf dem großen Schreibtisch liegen Federn und Pinsel, aus Elfenbein geschnitzte Behälter mit roter und schwarzer Tinte und viele Schriftstücke. Aber Sebna schreibt nicht selber. Er hat alles nur hingelegt, damit jedermann sieht, daß er der Schreiber des Königs ist. Wenn etwas geschrieben werden muß, dann diktiert es Sebna einem seiner Untergebenen. Eben liest Sebna einen Text für die Chronik des Königs durch. In einer Ecke des Arbeitszimmers machen ein Flöten- und ein Lautespieler Musik. Früher hatte es am Hof nur Musik beim Essen gegeben. Aber Sebna hat gesagt: »Ich will auch Musik zum Arbeiten!« Die meisten andern hohen Beamten haben ihm das nachgemacht.
Sebna hat auch noch eine andere Neuerung am Hof eingeführt. Vor dem Palast gibt es eine Sonnenuhr. Auf Sebnas Befehl muß von morgens sechs bis abends sechs Uhr ein Sklave stündlich einen Gong schlagen und dabei jede Stunde laut ausrufen. Um sieben Uhr ruft er: »Erste Stunde!«, um acht Uhr: »Zweite Stunde!« und so weiter bis zur Zwölften Stunde.
Gerade jetzt ruft der Sklave: »Dritte Stunde!« Das ist die Zeit, in der der König und seine höchsten Beamten zur Beratung im Regierungszimmer zusammenkommen. Sebna nimmt das Schriftstück, das vor ihm liegt. Er geht zum König und liest es ihm vor. Der König lobt Sebna. »Du bist tüchtig«, sagt er. »Ich hab dir schon lange ein Geschenk machen wollen. Hast du einen Wunsch?«
Sebna denkt nach. Er sagt: »Mein Herr und König, ich habe alles, was man sich wünschen kann: ein schönes Haus, eine tüchtige Frau, Söhne, Töchter und Schwiegersöhne, Gold und Silber, Äcker und Wasserquellen, ein Dutzend der schönsten Streitwagen zum Ausfahren und das allerwichtigste: Deine Gunst! Aber etwas fehlt mir noch. Ich gehöre nicht zu den al-

ten Jerusalemer Familien. Und wenn ich sterbe, darf ich nicht in einem Familiengrab am Berg Zion beigesetzt werden. Sondern man wird mich wie die andern Bürger auf dem gewöhnlichen Friedhof begraben. Der Gedanke daran tut mir weh. Stell dir vor, mein Herr und König: Ich, ein so hoher Beamter, der so gescheit ist, – ich muß, wenn ich gestorben bin, neben einem ganz gewöhnlichen Bauern oder Handwerker liegen!«
»Gut«, sagt der König. »Wenn das dein Wunsch ist: Ich geb dir die Erlaubnis, ein Familiengrab am Berg Zion zu bauen.«
Sebna geht voll Freude in sein Arbeitszimmer zurück. Sogleich läßt er den berühmten Stein- und Bildhauer Manasse zu sich kommen.
»Hau mir eine Gruft in den Felsen des Berges Zion!«, sagt er zu ihm. »Eine ganz große Gruft. Größer als alle andern. Aber ein wenig kleiner als die Gruft des Königs. Und vor die Gruft mußt du einen Marmorstein mit Granatäpfeln und Blumen hauen. Aber ganz fein, damit es schön aussieht, wenn die Sonne drauf scheint. Es kommt nicht darauf an, wieviel es kostet. Ich will nur, daß man in der ganzen Stadt und in ganz Juda und Israel von nichts anderem als von meinem Grabmal redet!«
Manasse verneigt sich vor Sebna.
»Ich will dir das prunkvollste Familiengrab bauen, das es je gegeben hat«, sagt er.

*

Ein paar Wochen später: Der Tempelplatz von Jerusalem ist voll von Menschen. Eben hat der Priester das Abendopfer beendet. Er steht hoch oben auf der Treppe des Brandopferaltars vor dem Tempel. Ein zweiter Priester geht durch das weit offene Tor in den Tempel hinein. Er zündet auf dem Rauchopferaltar den Weihrauch an. Die Leute auf dem Tempelplatz sehen durch die Tür, wie sich die Weihrauchschwaden im Heiligtum ausbreiten.
Jetzt singt der Tempelchor ein Lied. Die Sänger und Musikanten stehen vor dem Altar. Die Musikanten schlagen den Takt des Liedes mit Zimbeln, Pauken und Handtrommeln. Als der letzte Ton verklungen ist, streckt der Priester oben auf der Treppe des Brandopferaltars seine Arme gegen den Himmel. Laut klingt seine Stimme über den weiten Tempelplatz, als er das Volk segnet:

»Der Herr segne dich
und behüte dich!
Der Herr lasse sein Angesicht über dir leuchten
und sei dir gnädig!
Der Herr erhebe sein Angesicht auf dich
und gebe dir Frieden!«

Die Musikanten blasen in die Trompeten. Der Abendopfergottesdienst ist zu Ende. Die Menschen verlaufen sich. Sie gehen durch die Tore in die Stadt hinunter. Der Priester steigt vom Altar. Tempeldiener füllen die Wagen, die zum Waschen des Opferfleisches dienen, mit frischem Wasser. Andere wischen mit Besen den Platz vor dem Altar. Vom Tempeldach fliegt ein Schwarm Spatzen auf den Altar. In einer der Hallen, die rings um den Tempelplatz gebaut sind, verklingen Schritte. In einem Seitenbau des Tempels schlägt eine Tür zu. Die letzten Sonnenstrahlen fallen auf den stillen menschenleeren Tempelplatz.
Nur noch ein Mann steht bei der niederen Mauer des inneren Vorhofs. Der Mann ist Jesaja. Er schaut am Brandopferaltar vorbei in den Tempel. Durch die Weihrauchschwaden sieht er ganz hinten die Wand, die das Heilige vom Allerheiligen trennt. Jesaja weiß, daß hinter dem Vorhang die Lade mit den zwei geschnitzten Engeln steht und daß auf dieser Lade Gott Jahwe unsichtbar thront.
Da ist es Jesaja so, als ob sich ein Band im Innern des Tempels der Wand entlangziehe. Es sieht aus wie der Saum eines gewaltigen Rocks. »Das ist Gott, der auf seinem Thron sitzt«, durchfährt es Jesaja. Er sieht, wie über dem Saum des Kleides Seraphen erscheinen, seltsame Wesen, jedes mit sechs Flügeln. Mit einem Flügelpaar bedecken sie den Unterleib, mit einem den Kopf und mit einem fliegen sie auf und nieder. Während des Fliegens singen sie unaufhörlich: »Heilig, heilig, heilig ist der Herr! Die ganze Erde ist voll von seiner Herrlichkeit!«
Jesaja kommt es vor, als ob die Türschwellen am Tempel von den gewaltigen Stimmen der Seraphen zitterten. »Ich bin verloren«, denkt er erschrocken. »Ich sehe den heiligen Gott und bin ein schuldiger Mensch mit unreinen Lippen mitten in einem Volk, das auch unreine Lippen hat.«
Da sieht Jesaja, wie einer der Seraphen zum Rauchopferaltar fliegt. Mit der Zange nimmt er ein glühendes Holzkohlenstück vom Altar, greift die Kohle mit seinen Fingern, fliegt zu Jesaja, berührt mit der Kohle seinen Mund und sagt: »Das hat deine Lippen berührt. Jetzt ist deine Schuld von dir genommen!«
Jesaja spürt nichts von der Hitze der Kohle. Aber er hört jetzt eine Stimme. Und er weiß: das ist Gottes Stimme!
»Wen soll ich als meinen Boten zum Volk schicken?« sagt die Stimme.
»Schick mich!« ruft Jesaja.
Da sagt die Stimme: »Geh und sag zu diesem Volk: Hört immer, aber versteht nicht! Seht immer, aber erkennt nicht!«
»Und«, fragt Jesaja, »wie lange muß ich das dem Volk sagen?«
»So lang, bis die Städte verödet sind und die Häuser ohne Menschen«, sagt die Stimme. »Bis das ganze Land nur noch eine Wüste ist und ich die Men-

schen in die Verbannung in ein fremdes Land geführt habe. Nur ein kleiner Rest wird übrigbleiben. Wie ein Baumstrunk. Aus dem wird dann, wie ein Sproß, ein neues Volk herauswachsen.«
Die Stimme verklingt. Die Seraphen verschwinden. Es ist, wie wenn sie sich im feinen Weihrauch auflösen, der noch immer vom Rauchopferaltar aufsteigt. Vor dem Tempel haben die Tempeldiener ihre Arbeit beendet. Einer kommt mit dem Besen auf Jesaja zu.
»Die Sonne ist untergegangen«, sagt er. »Die Tore zum Tempel werden geschlossen.«
Jesaja geht in die Stadt hinunter in sein Haus. Seine Frau hält den Restkehrum auf dem Schoß und singt ihm ein Lied vor.
»Gott hat mich gerufen«, sagt Jesaja. »Ich muß dem Volk das Gericht verkünden.«

## Das Weinberglied

Jesaja 3,16–26; 5,1–7

*Vorbemerkungen*

Jesaja tritt in diesem Lied (5,1–7) als Volkssänger auf. Vielleicht hat er Gottes Botschaft diese Form gegeben, weil die direkte Drohrede beim Volk nicht mehr ankam. Einige Ausleger nehmen an, daß Jesaja das Lied anläßlich eines Herbstfestes in Jerusalem noch vor dem Jahr 733 v. Chr. geschrieben und vorgetragen hat. Während einer ganzen Woche wohnte die Festgemeinde, die sich am ersten und achten Festtag im Tempel versammelte, in Laubhütten, die man auf den Dächern und den Höfen der Häuser, aber auch auf dem Tempelplatz und andern Plätzen der Stadt aufgestellt hatte. Unter andern Musikanten und Sängern erschien auch Jesaja, und das Volk freute sich bestimmt, daß der Unheilprophet auch einmal etwas Heiteres zum besten gab. Das Weinberglied enthält Elemente einer Symbolsprache mit erotischem Gehalt. Der Weinberg war Symbol für ein Mädchen (vgl. z. B. Hoheslied 2,15), das der Bräutigam umgegraben, entsteint und mit Edelreben bepflanzt hatte. Aber all diese Liebe, Zärtlichkeit und Pflege hatten keinen Erfolg. Der Weinberg brachte nur saure Trauben. Jesaja, der als Freund des Bräutigams auftrat, bat die über diese erbärmliche Liebschaft hämisch lachende Festgemeinde, zwischen dem Bräutigram und der Braut zu richten, nahm jedoch das Urteil gleich vorweg: »Ich mach dem Weinberg den Garaus!«, das heißt: Die Braut wird verstoßen!

Bis zu diesem Ausspruch fließt das Lied leicht im Rhythmus von abwechslungsweise drei und zwei Hebungen dahin. Dann jedoch legte Jesaja die Maske des Sängers ab und rief dem Volk in schwerem, donnerndem Takt entgegen: »Mein Freund, das ist Jahwe, und der Weinberg, der seid ihr!« Um den Symbolgehalt des Weinbergliedes wiederzugeben, müßte man im Deutschen ebenfalls Decknamen für Braut und eheliches Zusammenleben finden. Es gibt solche Wörter, doch sind sie je nach Sprachgegend verschieden. Außerdem würde der Schüler die Symbolik kaum verstehen. Walter Neidhart schlägt (in: Neidhart/Eggenberger, Erzählbuch zur Bibel, Kaufmann/Benziger) eine Rahmenerzählung vor, um den Sachverhalt transparent zu machen. Ich habe mich entschlossen, es beim Vergleich: »... den (Weinberg) hätschelt' er wie seine Braut...« bewenden zu lassen. Ich habe aber versucht, in Reim und Rhythmus etwas von der Stimmung des Liedes sichtbar zu machen. Der Erzähler kann versuchen, das Lied mit Gitarrenakkorden zu begleiten.
Mit in die Erzählung hinein nehme ich die schon in der vorherigen Geschichte erwähnten Wehrufe und das Wort gegen die hoffärtigen Frauen Jerusalems.

Sebna organisiert ein Fest. Jesaja singt das Weinberglied. Das Gericht Gottes kommt über Israel + Juda

*Erzählung*

Heute findet im Haus des Sebna ein großes Fest statt. Sebna hat alle reichen und angesehenen Jerusalemer eingeladen. Aber viele von den alteingesessenen Bürgern haben sich entschuldigen lassen. »Der Sebna ist ein Aufschneider«, haben sie gesagt. »Er will nur mit seiner Grabgruft großtun.« Dafür sind der reiche Sephatja und der Rechtsgelehrte Zadok gekommen. »Da geh ich selbstverständlich hin«, hatte Zadok zu seiner Frau gesagt. »Da gibt es große Mengen zu essen und zu trinken, ohne daß es etwas kostet.«
Die Gäste kommen schon am Morgen. Sie tragen ihre Festkleider. Zur Begrüßung gibt es Kuchen und Wein in kostbaren Bechern. Sebna begrüßt die Gäste. »Den Jesaja hab ich auch eingeladen«, sagt er. »Er hat mir nicht abgesagt. Aber er ist noch nicht da.«
Sebna zeigt den Gästen seinen neuesten Streitwagen. »Ich hab ihn letzte Woche gekauft«, sagt er. »Es ist einer der teuersten Wagen, die es in Juda gibt.« Dann führt Sebna die Gäste zu seinem Familiengrab. Er zeigt ihnen die Gruft und das Denkmal. Alles ist groß und protzig, aber die Gäste sagen: »Es ist wunderbar!« und gratulieren dem Sebna.
Dann gehen sie zurück ins Haus. Diener tragen Platten voll von Fleisch von Mastrindern, Mastgänsen, gesottenen Fischen, Artischocken, Zwiebeln, Knoblauch, Melonen, Feigen und Datteln auf. Die Männer und

Frauen greifen zu. Sie trinken Wein. Als es Abend wird, zünden Diener Fackeln an. Musikanten spielen. Tänzerinnen mit langen Haaren und geschminkten Gesichtern treten auf. Die Gäste klatschen. Sie reden immer lauter. Sie gröhlen und lachen. Zadok stimmt ein Trinklied an.
Da kommt ein Mann zur Tür herein.
»Willkommen, Jesaja!« ruft Sebna. »Du bist zwar spät, aber es freut mich, daß du trotzdem noch gekommen bist. Setz dich und trink!«
Jesaja bleibt stehen. Mit den Augen sucht er Zadok. Er schaut ihn mit einem durchdringenden Blick an. Dann ruft er, im gleichen Takt wie das Trinklied, das die Männer vorher gesungen haben, in das Zimmer hinein:

»Weh denen, die Helden sind im Weinsaufen
und Könner im Schnapsmixen.
Die dem Schuldigen recht geben,
weil sie bestochen sind.
Und die dem Unschuldigen das Recht nehmen.
Wie das Feuer die Grasstoppeln
auf der Weide frißt,
werden sie weggebrannt
und vermodern.«

Schon nach den ersten Worten haben die Musikanten aufgehört zu spielen. Die Tänzerinnen stehen in einer Ecke. Alle starren Jesaja an.
»Bist du verrückt geworden, Jesaja?« ruft der Sephatja. »Oder bist du nur besoffen?«
Da geht Jesaja auf Sephatja zu. »Auch für dich und deinesgleichen hab ich ein Wort Jahwes«, sagt er. »Hör gut zu:

Weh denen, die Haus an Haus reihen
und Feld an Feld,
bis sie allein alles Land besitzen.
In meine Ohren hat mir Jahwe geschrien:
Alle eure Häuser werden zur Wüste.
Niemand wird drin wohnen.
Und eure großen Weinberge
werfen einen einzigen Eimer Trauben ab,
und all eure Felder
einen einzigen Sack Saatgut!«

Sebna steht auf. Mit seinem Weinbecher in der Hand geht er auf Jesaja zu. »Ich hab dich nicht eingeladen, daß du meine Gäste beschimpfst«, sagt er. »Wenn du nicht augenblicklich mein Haus verläßt, laß ich dich durch meine Sklaven hinauswerfen!«
Jesaja schaut den Sebna spöttisch an.

»Was bist du Besonderes, Sebna», sagt er,
»und wer gibt dir das Recht,
dir ein Grab wie ein Fürst
in den Felsen zu hauen?
Hör Sebna! Jahwe wird dich
zu einem Knäuel ballen
und dich wegschleudern wie einen Ball,
hinaus ins weite Land.
Und mit dir deine vornehmen Wagen,
du Schandfleck im Hause deines Königs!«

Sebna ist bleich vor Zorn. Er zittert am ganzen Körper. Er schleudert dem Jesaja den Wein aus dem Becher ins Gesicht.
»Das hast du für den Schandfleck!« schreit er. »Und jetzt: hinaus!«
Jesaja geht hinaus. Bald weiß es ganz Jerusalem: Jesaja redet im Namen Jahwes. Und er sagt allen das gleiche: Das Gericht Gottes kommt über Israel und über Juda.

*

Ein paar Monate später. In Jerusalem ist Herbstfest. Eine ganze Woche wohnen die Menschen nicht in ihren Häusern, sondern in Laubhütten. Die Hütten flechten sie aus Ästen. Sie stellen sie auf den Plätzen der Stadt, in den Höfen und auf den flachen Dächern der Häuser auf. Am ersten und am letzten Tag des Herbstfestes finden auf dem Tempelplatz große Dankgottesdienste statt. An den übrigen Tagen tanzen, singen und trinken die Jerusalemer und alle, die zum Fest in die Stadt gekommen sind.
Gerade ist der erste Dankgottesdienst zu Ende. Aus den Toren am Tempelplatz strömen die Menschen. Sie haben ihre Festkleider an. Ein paar junge Mädchen trippeln vorüber. Jede hat von einem Knöchel des einen Beins ein silbernes Kettchen zum Knöchel des andern Beins gebunden, damit sie nur ganz kurze Schritte machen kann. Das ist gerade große Mode in Jerusalem. Ein Teil der Mädchen trägt goldene Stirnreife mit einem Möndchen darauf. Andere haben Riechfläschchen um den Hals gehängt. Eine hat sich einen Ring an die Nase gesteckt. Alle sind geschminkt. Sie tragen den Kopf hoch, und eine Wolke von Parfümduft umgibt sie. Hinter den Mädchen geht ein Schwarm Burschen. Immer wieder schielen die Mädchen nach ihnen.
»Wir gehen tanzen!« ruft Mirjam.
»Wohin?« fragt Deborah.
»Zur Schenke am Quelltor!« schlägt Hulda vor. »Dort spielen der Beduinen-Joseph und seine Freunde mit Trompeten, Trommeln und Zimbeln heiße Tänze!«

Da kommt aus einer Seitengasse Jesaja. Er trägt ein Hemd aus grobem Sacktuch. Um den Bauch hat er einen Strick gebunden.
Jesaja stellt sich mitten in die Gasse.

»So spricht Jahwe!« ruft er in die Menschenmenge.
»Weil die Frauen in Jerusalem eitel sind
und prunksüchtig;
weil sie mit hohlem Kreuz
umherstolzieren;
weil sie trippeln wie Hühner
und mit Spangen und Schmuck klirren;
darum will ich, Jahwe, euren ganzen Putz
hinwegfegen:
die Fußspangen und Stirnreife,
die Möndchen und Ohrringe,
die Armketten und Fußkettchen,
die Gürtel und Riechfläschchen,
die Fingerringe und Nasenringe,
die Festkleider und Mäntel,
die Hemden und Hüte.
Und statt des Puderdufts ist Moderduft,
statt Gürtel: ein Strick,
statt Locken: eine Glatze,
statt Festkleid: ein Sack,
statt Schönheit: ein Brandmal!«

Mirjam gähnt. »Jesaja, du langweilst uns furchtbar mit deinen Sprüchen«, sagt sie. »Immer sagst du das gleiche. Immer nur: Gericht und Verbannung! Laß dir doch einmal etwas Besseres einfallen. Vielleicht hören wir dann wieder zu!«
Die Menschen in der Gasse klatschen.
»Bravo Mirjam!« rufen sie. »Dieser sauren Gurke hast du's gegeben!«
Mit Lachen, Pfeifen und Johlen strömt die Menge an Jesaja vorbei.

*

Zwei Tage später beim Quelltor: Auf dem Platz stehen Tische und Bänke, auf denen das Volk dichtgedrängt sitzt. Der Beduinen-Joseph und seine Freunde machen Musik. Sie tragen bunte Kleider, wie sie die Sänger, Musikanten und Spaßmacher an den Festen immer anhaben. Der Joseph singt ein lustiges Lied. Die Menge klatscht den Takt und singt den Refrain mit.
Da kommt Jesaja. Er ist als Sänger verkleidet. Er trägt einen blauen Mantel und einen roten Turban. In der Hand hält er eine Leier. Mit einem Satz springt er auf einen Tisch.

»Bravo!« ruft die Menge.
»Der Jesaja hat meinen Rat befolgt!« ruft Mirjam. »Endlich wird er uns etwas Fröhliches singen.«
»Hört zu!« sagt Jesaja. »Ich habe einen Freund. Und mein Freund besitzt einen Weinberg. Und jetzt will ich euch das Lied von meinem Freund und seinem Weinberg singen!«
Jesaja fährt mit den Fingern über die Saiten. Ganz still ist es auf dem Platz vor dem Quelltor.
Jesaja singt:

»Ein Weinberg hat mein Freund
am Sonnenhang,
den hätschelt er, wie eine Braut,
schon jahrelang.
Er grub ihn um, entfernte
Stein um Stein,
er pflanzte Edelreben, tat
'nen Turm hinein.
Und hofft' auf guten Wein voll Kraft.
Doch brachte er nur sauren Saft.«

Die Leute lachen. Alle singen den Refrain mit:

»Und hofft' auf guten Wein voll Kraft.
Doch brachte er nur sauren Saft.«

»Bravo Jesaja!« ruft einer. »Das ist ein lustiges Lied. Aber verrat uns doch: Wer ist dein Freund?«
»Halt deinen Mund«, sagt ein anderer. »Laß den Jesaja weitersingen.«
Jesaja singt:

»Ihr Männer von Jerusalem
und Judas Land:
Seid Richter in der Sache, denn
ihr habt Verstand,
und sagt mir, was ich unterließ
und falsch gemacht?
Ich hab für diesen Weinberg doch
geschuftet Tag und Nacht!
Ich hofft' auf guten Wein voll Kraft,
doch brachte er nur sauren Saft.«

Wieder singt die Menge begeistert den Refrain:

»Ich hofft' auf guten Wein voll Kraft,
doch brachte er nur sauren Saft!«

»Sag doch deinem Freund, Jesaja«, ruft einer, »er soll seinen Weinberg oder seine Frau oder wer der Weinberg immer ist, in die Wüste jagen.«

Alle lachen. Aber schon singt Jesaja weiter:

»Hört, was ich mach mit diesem
Weinberg mein:
Ich laß ihn sein, reiß seine
Mauern ein,
nicht Regen laß ich fall'n
auf seine Erd',
daß er, zertreten von der Herd'
zur Wüste werd'.
Und statt voll Trauben und voll Wein,
soll er voll Dornen und voll Disteln sein!«

»Recht so!« ruft die Menge und singt den Refrain:

»Und statt voll Trauben und voll Wein,
soll er voll Dornen und voll Disteln sein!«

Jesaja macht eine Pause. Dann läßt er auf seiner Leier einen lauten Mißton erklingen und ruft mit harter Stimme:

»Denn Jahwes Weinberg, der seid ihr!
Ihr Israeliten! Alle hier!
Anstatt, daß ihr Recht gesprochen,
habt dauernd ihr das Recht gebrochen!
Guttat wollte Jahwe sehen!
Bluttat ließet ihr geschehen!«

Totenstill ist es auf dem Platz. Jesaja steigt vom Tisch und verschwindet in einer Gasse. Die Leute murmeln. Ein paar lachen gezwungen. Der Beduinen-Joseph bläst in die Trompete. Aber niemand hat mehr Lust zum Singen und Tanzen. Schnell leert sich der Platz. Die Leute gehen heim.

## Raubebald-Eilebeute

2. Könige 16; Jesaja 7 und 8

*Vorbemerkungen*

Um 733 planten einige Staaten in Syrien-Palästina einen Aufstand gegen Assur. Wahrscheinlich weigerte sich Ahas von Juda, dieser »antiassyrischen Koalition« beizutreten. Die Könige *Pekah* von Samaria und *Rezin* von Damaskus griffen darauf Jerusalem an mit der Absicht, die davidische Dynastie zu stürzen und einen gewissen »*Sohn Tabeels*« auf den Thron zu setzen (»Syrisch-ephraimitischer Krieg« 733 v. Chr.). Es ist gut möglich, daß der Abschnitt Jesaja 8,11–15 in diese Zeit fällt. Das aufgeregte Volk

lärmt in den Straßen Jerusalems und schreit: Verschwörung! Da macht ihm Jesaja einmal mehr den Kern seiner Botschaft klar: Nicht Menschen, nicht fremde Völker und Könige führen den Untergang herbei. Sondern Jahwe vollzieht sein Gericht an seinem schuldig gewordenen Volk. Er ist der Verschwörer, der verborgene Stein, über den man stolpert. Er ist die versteckte Falle, von der man gefangen wird. Vielleicht hatte der Angriff auf Jerusalem, wenigstens am Anfang, Erfolg. Ahas jedenfalls verzagte. Als er die für die Stadt lebensnotwendige Wasserversorgung inspizierte, trat ihm Jesaja mit seinem Söhnlein »Restkehrum« entgegen und forderte ihn mit dem Wort »Glaubt ihr nicht, so bleibt ihr nicht!« zum Vertrauen zu Gott auf. Als der wankelmütige König das Zeichen, das ihm Jesaja anbot, zurückwies, gab Jesaja ihm selber eines: »Eine junge Frau, die schwanger ist (oder, wie man auch übersetzen kann: schwanger wird), bekommt einen Sohn. Sie wird ihn Immanuel (»Gott mit uns«) nennen. Und noch bevor das Kind ins Alter kommt, wo es das Gute vom Bösen unterscheiden kann, werden Samaria und Damaskus verödet sein.« Wahrscheinlich hat Jesaja bei diesem Zeichen an eine damals in Jerusalem lebende Frau, die auch dem König bekannt war, gedacht.
Auch dem Volk wiederholte Jesaja seine Prophezeiung. Das Kind, das seine Frau gebären sollte, nannte er im voraus »Raubebald-Eilebeute« und schrieb den Namen unter Anwesenheit zweier Zeugen auf eine große Tafel, um nach der Plünderung von Damaskus und Samaria die Richtigkeit seiner Vorhersage beweisen zu können.
Ahas jedoch hatte kein Vertrauen zu Gott und seinem Boten Jesaja. Viel lieber vertraute er dem Assyrerkönig Tiglath-Pileser. Er sandte ihm Geschenke aus dem Tempel- und Palastschatz und bat ihn – gegen den Rat Jesajas – um Hilfe. Wahrscheinlich hielt sich der Großkönig irgendwo in Syrien auf. Jedenfalls unterwarf er noch im gleichen Jahr Israel und kurz darauf Damaskus.
*Teiche* waren große künstliche Wasserreservoire, von denen es in Jerusalem eine große Anzahl gab.
Wo der *obere Teich* in oder bei Jerusalem lag, weiß man nicht. Man kann annehmen, daß er mit dem »Mamilla-Teich« im Westen außerhalb der Stadt identisch ist. Von ihm führte eine Wasserleitung zum »untern Teich« (auch »Hiskia-Teich«) im Nordwesten Jerusalems.

Krieg Israel + Damaskus wollen Juda als Verbündeten gegen Assur. Juda lehnt ab. Pekah + Rezin belagern Jerusalem, Assur greift Samaria + Damaskus an. Assur siegt.

*Erzählung*

König Ahas trommelt mit seinen Fingern auf die Lehne seines Throns. Sein Blick ist unruhig. Er wischt sich den Schweiß von seiner Stirn. Er hat Angst.

Um ihn herum stehen seine Berater und Offiziere.
»Sebna!« befiehlt der König. »Erklär allen, worum es in der heutigen Beratung geht!«
Sebna verbeugt sich. »Ihr wißt«, sagt er, »daß vor ein paar Jahren Tiglath-Pileser, der Großkönig von Assur, zu allen Königen jenseits des Euphrat-Stromes gesagt hat: Zahlt mir Steuern! Wenn ihr mir die Steuern regelmäßig bezahlt, dann bin ich euer Freund und beschütze euch. Wenn nicht, dann komme ich mit meinem gewaltigen Heer und zerstöre eure Städte und führe euch fort in die Verbannung in ferne Länder. – Da haben alle Könige vom Tiglath-Pileser Steuern bezahlt.«
»Ich auch!« sagt Ahas und zieht den roten Königsmantel enger um sich. »Ich habe immer pünktlich bezahlt, und niemand kann mir etwas vorwerfen.«
»Nun aber«, sagt Sebna, »wollen die Könige Pekah von Israel und Rezin von Damaskus dem Tiglath-Pileser keine Steuern mehr bezahlen. Sie wollen gegen Assur Krieg führen. Und gestern haben Pekah und Rezin Boten nach Jerusalem geschickt und unserem König Ahas sagen lassen: Schließ dich unserem Bündnis an! Kämpf mit uns gegen Assur!«
Im Zimmer entsteht ein Gemurmel.
»Bravo!« sagen da die einen. »Auf in den Kampf gegen Assur!«
»Ihr seid verrückt!« sagen die andern. »Tiglath-Pileser macht Jerusalem dem Erdboden gleich!«
»Ruhe!« ruft Sebna. »Ich bin noch nicht fertig. Bevor die Boten wieder nach Samaria und Damaskus zurückgekehrt sind, haben sie gesagt: Wenn ihr euch unserem Bündnis nicht anschließt, erobern wir Jerusalem. Wir rotten die ganze Königsfamilie aus und setzen einen fremden König auf den Thron Davids!«
»Habt ihr gehört?« ruft Ahas. »Das Haus Davids wollen sie ausrotten! Und auf diesem Thron, auf dem schon mein Urururururururururur-Großvater Salomo gesessen hat, soll ein wildfremder Mann sitzen! Ich unglücklicher König! Wenn das David und Salomo wüßten!«
»Schließ doch das Bündnis mit Samaria und Damaskus, König Ahas!« rufen ein paar.
»Mach es nicht!« rufen andere. »Das ist viel zu gefährlich.«
»Es ist gehüpft wie gesprungen«, jammert Ahas. »Wenn ich das Bündnis nicht schließe, dann zerstören Rezin und Pekah Jerusalem. Wenn ich aber das Bündnis schließe, dann greift uns der Assyrerkönig an.«
»Es gibt noch eine dritte Möglichkeit«, sagt Sebna. »Schick Boten zu Tiglath-Pileser und sag ihm: Rezin und Pekah wollen mich angreifen! Komm mir zu Hilfe!«
»Du hast recht, Sebna«, sagt Ahas. »Wenn die beiden kommen, dann hol

ich den Tiglath-Pileser. Und morgen, wenn ich meinen Mittagschlaf gemacht habe, will ich nachsehen, ob wir genug Wasser in Jerusalem haben, wenn es zu einer Belagerung kommt. Und ihr alle kommt mit!«

*

Am andern Morgen herrscht in Jerusalem große Aufregung. Die Nachricht vom Bündnis der Könige Rezin und Pekah hat die Leute erschreckt. Auf der Gasse rotten sich Demonstranten zusammen. Sie marschieren zum Tempelplatz hinauf. Immer wieder schreien sie: »Ver-schwö-rung! Ver-schwö-rung! Ver-schwö-rung! Der Rezin ist ein Schuft! Der Pekah ist ein Schuft! Ver-schwö-rung! Ver-schwö-rung! Ver-schwö-rung!«
Jesaja sitzt in seinem Zimmer. Er hört sie rufen: »Ver-schwö-rung! Ver-schwö-rung!«
Da kommt es ihm vor, als ob ihn eine unsichtbare Hand packt. Er springt auf. Er eilt die Stadt hinauf zum Tempelplatz. Er steigt auf eine Steinbank. Er ruft in die Menge:

»Ver-schwö-rung! Ver-schwö-rung! Ver-schwö-rung!
Sagt dazu nicht Verschwörung,
was diese da Verschwörung nennen!
Habt nicht Angst vor Pekah,
und fürchtet euch nicht vor Rezin!
Sondern fürchtet euch vor Jahwe!
Denn er ist der Verschwörer!
Er schickt euch das Unheil!
Nicht Menschen und menschliche Mächte
bringen das Gericht.
Sondern Jahwe, der Herr, bringt es.«

*

Am Nachmittag steht König Ahas mit seinen Beratern und Offizieren am untern Teich in Jerusalem. Ein Diener hält ihm den Sonnenschirm über den Kopf. Der Teich ist ein großes Becken. In der Regenzeit hat es sich mit Wasser gefüllt. Jetzt ist es nur noch halbvoll.
»Wir haben zu wenig Wasser«, sagt Ahas. »Wenn Jerusalem belagert wird, verdursten wir alle miteinander.«
»Es gibt noch andere Wasserteiche in Jerusalem«, sagt ein Offizier.
»Aber wenn die Belagerung lang dauert, reicht es trotzdem nicht«, sagt Ahas. Er fährt sich mit der Hand über die Augen.
»Wäre ich doch gestorben«, jammert er. »Dann würde ich jetzt in der Gruft bei meinem Urururururururururur-Großvater Salomo liegen.«
»Wir können den Teich auffüllen«, sagt Sebna. »Der untere Teich ist mit

dem oberen Teich durch ein Rohr verbunden. Wenn wir die Leitung öffnen, fließt das Wasser in die Stadt und füllt dieses Becken.«
»Wieviel Wasser hat der obere Teich?« will Ahas wissen.
»Er wird auch etwa halbvoll sein«, sagt Sebna.
»Ich will ihn sehen!« befiehlt der König.
Ahas und seine Begleiter verlassen die Stadt. Der obere Teich liegt außerhalb der Mauern. Er ist ebenfalls halbvoll.
»Wir lassen das Wasser noch heute in den untern Teich laufen«, sagt Sebna.
»Es ist trotzdem zu wenig«, sagt Ahas. »Ihr werdet sehen: Ganz Jerusalem verdurstet und verhungert. Die Pferde, die Esel, ich, der König und ihr alle auch! Und dann kommen der Rezin und der Pekah in meinen Palast, bringen mich um und setzen einen wildfremden Menschen auf den Thron! O ich unglücklicher König!«
Auf dem Weg von der Stadt kommt ein Mann auf den König und seine Begleiter zu. Es ist Jesaja. Langsam und unbekümmert spaziert er daher. An der Hand hält er seinen kleinen Sohn Restkehrum. Das Büblein ist jetzt etwa vier Jahre alt. Jesaja setzt sich an den Rand des Beckens. Er nimmt den Restkehrum auf die Knie und sagt zu Ahas: »So spricht Jahwe: Bleib ruhig, König Ahas! Du mußt keine Angst haben vor Rezin und Pekah. Die zwei sind wie flackernde Flämmlein von abgebrannten Kerzen. Sie nehmen Jerusalem nicht ein. Sie setzen keinen andern König auf deinen Thron. Es geht nicht mehr lange, und Israel samt seiner Hauptstadt Samaria besteht nicht mehr!«
Ahas schaut Jesaja mißtrauisch an.
»Du mußt keine Angst haben! Du mußt keine Angst haben!« äfft er ihn nach. »Das kann jeder sagen. Aber ich habe Angst. Und die meisten in Jerusalem auch. Wer garantiert uns denn, daß du recht hast, wenn du sagst: Sie nehmen Jerusalem nicht ein! Und: Sie setzen keinen andern König auf den Thron?«
»Gott ist unsere Gewißheit«, sagt Jesaja. »Und du, König Ahas, und ihr alle: Ihr müßt ihm vertrauen. Nur: Wenn ihr ihm und seinem Wort nicht vertraut, dann gibt es auch keine Hoffnung für euch. Glaubt ihr nicht, so bleibt ihr nicht.«
Jesaja fährt dem Restkehrum mit der Hand über seinen Lockenkopf.
»Aber«, sagt er, »damit du, König Ahas, siehst, daß ich wirklich im Auftrag Jahwes komme: Verlang ein Zeichen von ihm! Jetzt! Irgend eines! Was du willst!«
Ahas zuckt mit den Schultern.
»Ich...«, sagt er. »Ich... weiß nicht recht. Ich möchte... vielleicht... er könnte ja... nein! Eigentlich will ich lieber kein Zeichen von Gott verlangen.«

Jesaja gähnt.
»Du machst mich müde, Ahas«, sagt er. »Und erst recht machst du Gott müde. Aber wenn *du* kein Zeichen willst, dann gibt dir Gott eines von sich aus: Eine junge Frau in Jerusalem erwartet ein Kind. Und wenn das Kind auf die Welt kommt, gibt sie ihm den Namen »Gott mit uns«. Und noch bevor das Kind weiß, was gut und böse ist, sind die Länder der beiden Könige Pekah und Rezin verödet. Aber weil du und ihr alle kein Vertrauen zu Gott habt, wird es Jerusalem einmal genau gleich gehen wie Samaria und Damaskus. Es wird ebenso verwüstet, und die Jerusalemer müssen in die Verbannung. Aber so wahr mein Sohn hier Restkehrum heißt, so wahr wird ein Rest aus der Verbannung zurückkommen. Und aus diesem Rest wird Jahwe ein neues Volk schaffen. Ein Volk, das ihm vertraut. Ein Volk, das gerecht ist.«
Jesaja nimmt den Restkehrum an der Hand und geht in die Stadt zurück.
Ein paar Tage später geht Jesaja mit einer großen Holztafel am Rücken durch die Gassen. Auf der Tafel steht mit schönen großen Buchstaben: »DEM RAUBEBALD-EILEBEUTE«.
Jesaja durchwandert die Stadt, ohne ein Wort zu sagen. Gassenkinder hüpfen hinter ihm her. Sie johlen und pfeifen. Immer wieder schreien sie: »Rau-be-bald-Ei-le-beu-te!«
Erwachsene, die gerade nichts zu tun haben, schließen sich ihnen an. In der Innenstadt stockt der Zug. Er kommt nicht an den Ständen der Handwerker und Händler vorbei. Ein Soldat der Stadtwache kommt auf Jesaja zu.
»Warum gehst du mit der Tafel durch die Stadt?« fragt er.
»Gott hat es mir befohlen«, sagt Jesaja.
Der Soldat nimmt seinen Helm vom Kopf und kratzt sich im Haar.
»Und, was steht da auf der Tafel?« will er wissen.
»Dem Raubebald-Eilebeute«, sagt Jesaja.
»Und, was bedeutet das?«
»Komm mit auf den Tempelplatz, dort sag ich es dir!«
Beim Tor zum Tempelplatz warten zwei Männer auf Jesaja: der Priester Uria und der angesehene Sacharja. Jesaja hat sie gebeten, hierher zu kommen.
Das Volk drängt sich auf den Platz. Jesaja schnallt die Tafel vom Rücken. Er hebt sie in die Höhe.
»Meine Frau wird bald einen Sohn zur Welt bringen«, ruft er. »Jahwe hat mir befohlen, diesem Sohn den Namen Raubebald-Eilebeute zu geben. Denn bevor dieses Kind die ersten Worte sprechen kann, wird der König von Assur alles Silber und alles Gold und alle Reichtümer von Damaskus und Samaria geraubt haben! Ich habe das vor ein paar Tagen schon dem

König Ahas gesagt. Aber er hat es nicht geglaubt. Er hat kein Vertrauen. Darum sage ich es heute ganz Jerusalem noch einmal. Und damit später niemand etwas anderes behaupten kann, habe ich diese beiden Männer da: den Priester Uria und den Sacharja, als Zeugen mitgenommen.«
Jesaja nimmt die Tafel unter den Arm. Er bindet sie am Tor seines Hauses fest. Und jeder, der vorbeigeht, liest: »DEM RAUBEBALD-EILE-BEUTE«.
Wenig später belagern Pekah und Rezin Jerusalem. Aber die Belagerung dauert nicht lange. Tiglath-Pileser von Assur greift Samaria und Damaskus an. Er besiegt beide Länder und macht sie zu assyrischen Provinzen. König Pekah wird von einem Mann namens Hosea ermordet. Hosea verspricht dem Assyrerkönig Tiglath-Pileser Treue. Darum darf er als König über Samaria regieren. So ist die Stadt Samaria zum letzten kleinen Rest des ehemals so großen Nordreiches Israel geworden.

## Samarias Fall

2. Könige 17; Jesaja 20; 39

*Vorbemerkungen*

Um 725 v.Chr. stellte Hosea von Israel die Tributzahlungen an den assyrischen Großkönig – das war nach Tiglath-Pilesers Tod jetzt *Salmanassar V.* – ein und knüpfte Verbindungen mit Ägypten an. Ohne Zweifel wollte er sich – in Verbindung mit noch andern Staaten – von der assyrischen Herrschaft befreien. Daraufhin belagerte Salmanassar Samaria. Die Stadt konnte drei Jahre lang Widerstand leisten, bis sie eingenommen, die Oberschicht deportiert und der letzte Rest des Staates Israel beseitigt wurde. Wahrscheinlich ist Salmanassar kurz vor der Einnahme der Stadt gestorben. Sein Nachfolger *Sargon* machte aus Samaria eine assyrische Provinz und siedelte in ihr eine fremde Oberschicht aus Babylonien, Hamath (hethitische Königsstadt am Orontes) und andern nicht mehr lokalisierbaren Gegenden an. 2. Könige 17,4f macht den Eindruck, als sei Hosea schon vor der Eroberung der Stadt gefangen genommen worden. Dies könnte bei einem Kampf geschehen sein. Aber vielleicht will der Erzähler auch nur die Geschichte des Hosea zum Abschluß bringen. Man kann sich also die Gefangennahme des Königs auch nach der Belagerung vorstellen.
Aus der Zeit des Untergangs Samarias liegen uns keine Worte Jesajas vor. Erst Jahre später trat er wieder öffentlich auf. Um 713 v.Chr. schlossen sich einmal mehr ein paar Staaten zu einer antiassyrischen Koalition zu-

sammen, an der *Ägypten* und die *Philister* maßgeblich beteiligt waren. Sargons *Tharthan* (General) nahm jedoch um 711 *Asdod* ein, womit der Widerstand gebrochen war. Jesaja warnte in dieser Zeit die Jerusalemer vor einer Beteiligung an der großen Politik. Drei Jahre lang ging er *»nackt«* – das heißt nur im Unterkleid – umher und wies damit auf das Schicksal Ägyptens und seiner Verbündeten hin.
Nach Sargons Tod um 705 v. Chr. kam es dann zu einer umfassenden Verschwörung der vorderasiatischen Herrscher, unter denen auch der babylonische König *Merodach-Baladan* war. Wiederum versprach Ägypten Unterstützung durch seine Streitwagentruppen. In dieser Zeit stellte auch König *Hiskia*, Ahas' Sohn, seine Tributzahlungen ein und empfing Gesandte aus Babel. Auch auf dem Gebiet des Kultus entledigte er sich der Vorherrschaft Assurs. Er reformierte den Jahwekult und ließ alle fremden Gottheiten und Altäre aus dem Tempel entfernen. Während die Chronik der Kultusreform große Bedeutung beimaß (2. Chronik 29–31), ist uns von Jesaja kein Wort dazu überliefert. Die Reform änderte eben nichts an dem bevorstehenden Gericht, dessen Vollstrecker zwar jetzt nicht mehr die Assyrer, sondern die Babylonier, mit denen sich Hiskia eben verbünden wollte, sein würden. In der Tat gelang es hundert Jahre später dem babylonischen König Nabopolassar, Ninive zu zerstören und ein selbständiges neubabylonisches Reich zu gründen. Sein zweiter König, Nebukadnezar (604–561 v. Chr.) belagerte und zerstörte dann 567 v. Chr. Jerusalem und führte die Judäer ins babylonische Exil.
Ich lasse in meinen Erzählungen die Belagerung Jerusalems und die Krankheit des Hiskia aus. Jesaja ist ab ungefähr 700 v. Chr. nicht mehr öffentlich aufgetreten.

Tiglath-Pilser ist tot. Salmanassar regiert. Samaria zahlt keine Steuern mehr an Assur
Salmanassar läßt Samaria belagern. Samaria fällt. Jesaja sagt: Auch Juda wird fallen

*Erzählung*

König Sewe von Ägypten schickt allen Königen der benachbarten Länder und Städte eine Botschaft. Die Botschaft lautet: »König Tiglath-Pileser von Assur ist gestorben. Sein Nachfolger heißt Salmanassar. Tiglath-Pileser ist ein Blutegel gewesen. Er hat seine Untertanenländer mit Steuern ausgesaugt. Salmanassar ist auch ein Blutegel. Warum laßt ihr euch das gefallen? Wehrt euch! Zahlt keine Steuern mehr! Und wenn die Assyrer kommen, dann haut ihnen die Köpfe blutig! Ich, der König von Ägypten, helfe euch!«
Auch König Hosea von Samaria bekommt diese Botschaft. Er berät sich mit seinen Ministern.
»Mach nicht mit!« sagen die einen. »Samaria ist eine kleine Stadt. Assur kann sie wegfegen wie der Wind ein Sandkorn.«

»Mach mit beim Bündnis gegen Assur!« sagen die andern. »Zusammen mit Ägypten und allen andern Städten und Ländern sind wir stark, und wenn wir keine Steuern mehr bezahlen, können wir Waffen kaufen.«
Da schickt Hosea Boten nach Ägypten. Sie sagen dem König Sewe: »So spricht Hosea, der König von Samaria: Ich zahle dem Salmanassar von Assur keine Steuern mehr.«
Ein paar Monate später kommt ein Kaufmann aus Jesreel nach Samaria. »Auf der Straße von Damaskus rückt ein großes assyrisches Heer gegen Samaria vor«, sagt er. »In ein paar Tagen sind die Soldaten hier.«
Im Nu gleicht Samaria einem Ameisenhaufen.
Wer Geld hat, kauft Weizen, Gerste, Öl und Gemüse und füllt damit seine Vorratskammern. Von einer Stunde auf die andere wird alles doppelt und dreifach teurer. König Hosea befiehlt eine strenge Einhaltung der Wasserrationen und stellt Wachen an den Brunnen auf. Arbeiter prüfen jeden Stein an der Stadtmauer. Alle schadhaften Stellen bessern sie aus. Soldaten schleppen Waffen aus den Zeughäusern auf die Mauern und in die Tortürme: Pfeilbogen, Pfeile, Steinschleudern, Steine, Fackeln und Ketten. Hosea sendet Boten nach Ägypten: »Die Assyrer sind im Anzug! Kommt uns zu Hilfe!« Dann werden die Tore der Stadt verriegelt. Die Soldaten nehmen ihre Posten auf der Mauer und in den Türmen ein.
Kurze Zeit später erscheinen auf den Hügeln vor der Stadt die Kundschafterstreifen der Assyrer. Sie beobachten die Stadt. Sie bereiten das Lager vor. Sie fällen Bäume. Aus den Stämmen und Ästen bauen sie Hütten.
Ein paar Stunden später kommt das assyrische Heer: Zuerst die Streitwagen. Dann die Fußsoldaten. Sie tragen hohe Lederstiefel. Die Lederröcke gehen ihnen bis unter die Knie. Über den Lederwams haben sie einen Brustschild gebunden. Ihre Helme sind oben spitz.
Die Nahkämpfer haben auf der linken Seite ein Schwert angehängt. In der linken Hand tragen sie einen Schild.
Die Schützen haben ihre Bogen auf den Rücken geschnallt. In den Köchern stecken Pfeile mit Spitzen aus Eisen.
Dann kommen die Hilfstruppen. An Seilen schleppen sie Wagen hinter sich her. Auf den Wagen befinden sich Zelte, Waffen, Kessel und Leitern. Zuletzt kommt ein Ochsengespann. Die Ochsen ziehen einen Sturmwidder. Der Sturmwidder besteht aus einem Gehäuse aus hartem Holz. Er fährt auf vier Rädern. Vorne und auf den Seiten ist er mit Bronzeplatten gepanzert. An der Spitze ragt ein langer, schwerer Balken heraus. Im hinteren Teil gehen die Wände nur bis zur Brusthöhe.
Das assyrische Heer verteilt sich rund um die Stadt Samaria. Die Soldaten stellen Zelte auf. Sie zünden Feuer an. Aus den umliegenden Dörfern holen sie ihr Essen und Trinken.

Das schönste und größte Zelt gehört dem General.
Drei Tage später stellen sich dreihundert Schritt vom Stadttor entfernt die Nahkämpfer in einer langen Reihe auf. In der rechten Hand hält jeder ein Brecheisen, in der linken seinen Schild. Hinter den Nahkämpfern stehen die Bogenschützen.
Jetzt kommt der assyrische General aus seinem Zelt. Er hat einen schwarzen Bart. Der Bart ist eine Handbreit unter dem Kinn gerade abgeschnitten.
Der General geht bis zu der Stelle, wo die Straße zum Stadttor hinaufgeht. Zwei Schildträger begleiten ihn.
»Ich will mit dem König von Samaria reden!« ruft der General.
König Hosea streckt seinen Kopf aus einem schmalen Fenster im Torturm heraus.
»Ich bin der König von Samaria!« ruft er.
Da sagt der General: »So spricht Salmanassar, der Großkönig von Assur, zu seinem Knecht Hosea: Öffne die Tore von Samaria! Übergib die Stadt! Dann zerstören wir sie nicht.«
Hosea lacht.
»Ich bin nicht der Knecht Salmanassars«, ruft er und streckt dem General die Zunge heraus.
»Angreifen!« befiehlt der General.
Die Fußsoldaten stürmen den Hügel zur Stadt hinauf. Mit ihren Eisen versuchen sie, Steine aus der Stadtmauer zu brechen. Gleichzeitig schießen die Schützen ihre Pfeile gegen die israelischen Soldaten auf der Stadtmauer.
Aber die Samaritaner ducken sich. Sie werfen Steinbrocken über die Mauer. Die Steine durchschlagen die Schilde der Assyrer. Die Assyrer fliehen ins Lager zurück.
Hosea streckt seinen Kopf zum Torfenster heraus.
»Zieht eure Nasen nur zurück!« ruft er. »Morgen kommen meine Freunde. Die Ägypter. Die treten euch dann noch in den Hintern.«
Aber die Ägypter kommen nicht. Dafür schleppen die Assyrer jeden Tag viele Wagenladungen Erde und Steine herbei. Sie bauen quer zur Stadtmauer eine Rampe. Die Rampe ist dreihundert Schritt lang. Sie führt von der Ebene geradewegs zum Stadttor. Über zwei Jahre lang bauen die Assyrer an der Rampe.
Da, an einem Morgen vor Sonnenaufgang, hören die israelitischen Soldaten ein seltsames Geräusch. Es tönt wie das Knirschen von Rädern auf Steinen. Das Knirschen kommt von der Rampe. Ein Schatten bewegt sich auf das Stadttor zu. Die Soldaten zünden Fackeln an und leuchten hinunter.

»Der Sturmwidder!« ruft einer. »Sie stoßen den Sturmwidder gegen das Stadttor!«
Ein Hagel von Steinen und brennenden Fackeln prasselt auf den Wagen hinunter. Aber den Assyrern im Wagen macht das nichts aus. Das gepanzerte Dach und die gepanzerten Wände des Sturmwidders schützen sie. Als der Rammbalken zu brennen anfängt, gießt ein assyrischer Soldat mit einer langen Kelle Wasser vom Wagen auf den Balken. Das Feuer verlöscht.
Jetzt geht die Sonne auf. Schon schießen die assyrischen Bogenschützen auf die Türme beim Stadttor. Die Soldaten in der Stadt suchen Deckung. Da stoßen die Assyrer den Rammbalken gegen das Stadttor.
Wumm! Dumpf dröhnt der Schlag durch die Stadt Samaria. Und wieder: Wumm! – Wumm! – Wumm!
Die Soldaten in der Stadt lassen eine Kette vom Turm hinunter und versuchen, den Rammbalken hochzuziehen. Aber er entwischt ihnen immer wieder.
Jetzt gibt das Stadttor nach. Die Torwächter versuchen, die Flügel mit Querbalken noch besser zu verriegeln. Aber da kommt ein Bote von der andern Stadtseite: »Die Assyrer legen Leitern an die Stadtmauer! Der Angriff kommt von allen Seiten!«
Da bricht in Samaria Panik aus. Kopflos rennen die Leute durch die Gassen. Sie verstecken sich in ihren Häusern. Reiche vergraben noch schnell ihr Gold und ihr Silber. Da birst unter den Schlägen des Sturmwidders das Stadttor. Die Assyrer dringen in die Stadt ein. Bogenschützen suchen Deckung hinter Häusern. Bald ist die zweite Stadtmauer beim Königspalast umzingelt. Nach zwei Stunden haben die Assyrer eine Bresche in die Mauer geschlagen. König Hosea will fliehen. Aber ein assyrischer Soldat packt ihn. Bald sind alle reichen und vornehmen Männer samt ihren Familien gefangen. Sie dürfen ein paar Habseligkeiten in Bündel packen. Dann führen sie die Soldaten zur Stadt hinaus ins assyrische Kriegslager und von dort in langen Kolonnen in die Verbannung in ferne Länder.
Die Soldaten aber plündern die Stadt. Alles, was sie finden, schleppen sie in ihre Zelte.
»Ich hab ein Bett gefunden!« ruft einer. »Ein Bett mit Pfosten aus Elfenbein! Heute nacht schlaf' ich nicht auf dem Boden!«
Ein paar Tage später reißen die Soldaten die Stadtmauern ein und zünden Samaria an. Damit ist das Nordreich Israel endgültig untergegangen.

*

Bald nach dem Untergang von Samaria stirbt in Juda König Ahas. Sein Sohn Hiskia folgt ihm auf den Thron. Auch Hiskia versucht zweimal, sich

mit andern Staaten gegen Assur zu verbünden. Aber jedesmal warnt Jesaja den König und das Volk vor solchen Bündnissen.
Zuerst ist es wieder der König von Ägypten, der Hiskia für einen Krieg gewinnen will. Da geht Jesaja auf den Tempelplatz. Jesaja hat jetzt schon graue Haare, und seine Söhne Restkehrum und Raubebald-Eilebeute sind erwachsen.
Als der Opfergottesdienst zu Ende ist und die Menschen zum Tor bei der Tempelmauer strömen, stellt sich ihnen Jesaja in den Weg.
»Ich hab eine Botschaft von Gott!« ruft er. Er zieht seinen Mantel aus und legt ihn auf den Boden. Dann nimmt er seinen Turban vom Kopf und legt ihn auf den Mantel. Er schlüpft aus seinem Kleid, faltet es zusammen und legt es auf den Turban. Er bindet seine Sandalen los und stellt sie auf den Turban. Jetzt steht er im Hemd und in den Unterhosen da.
»Pfui!« ruft eine Frau und schaut auf die Seite.
»Jetzt ist er ganz verrückt geworden!« ruft ein Mann. Die Menge lacht.
»So spricht Jahwe!« ruft Jesaja. »So wie ich von heute an drei Jahre lang halbnackt und barfuß in der Stadt umhergehe, so wird der König von Assur die Ägypter und alle, die sich mit ihnen verbünden, in die Gefangenschaft wegführen.«
Jesaja macht aus dem Mantel ein Bündel, wirft es sich über den Rücken und geht nach Hause. Aber drei Jahre lang zeigt er sich nur noch in den Unterhosen, im Hemd und barfuß in der Stadt.

*

Ein paar Jahre später plant König Merodach-Baladan von Babylonien einen Aufstand gegen Assur. Er schickt vornehme Männer als Gesandte zu Hiskia. Die Gesandten bringen ihm Geschenke.
Hiskia freut sich. Er zeigt den Gesandten seinen ganzen Palast. Er führt sie in sein Vorratshaus. Das Haus ist gefüllt mit feinstem Olivenöl, mit getrocknetem Fleisch, mit Gemüse, mit Gewürzen, mit Wolle und Fellen.
»Mit diesem Vorrat hältst du eine lange Belagerung aus!« sagt einer der Babylonier zu Hiskia.
»Mindestens fünf Jahre!« sagt Hiskia stolz.
Dann zeigt Hiskia seinen Gästen die Schatzkammer. Sie ist voll von silbernen und goldenen Schüsseln, Bechern, Bestecken und Vasen. In Truhen funkeln Edelsteine. In Schränken hängen prachtvolle Festkleider. In einem kleinen Schmuckkasten liegt ein Siegel.
»Der Siegel stammt noch von meinem Urahn Salomo«, sagt Hiskia. »Er ist ein ganz kluger König gewesen, der Salomo.«
Die Babylonier staunen.
»Man merkt, daß er dein Urahn gewesen ist«, sagt einer.

Hiskia strahlt. Er zeigt den Babyloniern auch sein Zeughaus. Im Zeughaus stehen blitzblank geputzte Streitwagen, Speere, Schwerter, Pfeilbogen und Rüstungen.
»Damit könntest du Assur besiegen, wenn wir dir helfen«, sagt ein Gesandter.
»Bestimmt«, sagt Hiskia.
»Willst du mit uns gegen sie kämpfen?«
»Ich will es mir überlegen.«
Ein paar Tage später reisen die Männer aus Babylon ab. Hiskia begleitet sie bis zum Tor des Palastes. Als sie weg sind, kommt Jesaja von der Stadt zum Palast.
»Was haben diese Männer da von dir gewollt?« fragt Jesaja den König. »Und woher sind sie gekommen?«
»Von weit her«, antwortet Hiskia. »Aus Babylon. Und denk: Gerade zu mir sind sie gekommen. Vielleicht, weil ich so gescheit bin. Und ich habe ihnen alle meine Vorräte und alle meine Schätze gezeigt.«
Jesaja schaut Hiskia lange an. Dann sagt er: »Hör, König, was Jahwe dir sagt: Eines Tages holen die Babylonier alle deine Schätze, alles, was deine Vorfahren zusammengetragen haben, aus deinem Palast. Und deine Söhne verschleppen sie nach Babylon. Diener müssen sie sein im Palast des Königs von Babylon.«
Hiskia faltet die Hände über seiner Brust und schaut zum Himmel.
»Ich nehme alles an, was von Gott kommt«, sagt er und geht zurück in seinen Palast.
Auf der Treppe aber murmelt er: »Wenn nur solange Friede ist, wie ich lebe. Was nachher kommt, ist mir gleich.«
Erst viele Jahre nach Hiskia ist das, was Jesaja gesagt hat, in Erfüllung gegangen.

# Methodische Hinweise

*Hilfsmittel*

Hans Witzig: *Zeichnen zur biblischen Geschichte.* Verlag des Schweizerischen Lehrervereins, Zürich (nachfolgend ZBG abgekürzt)

Überarbeitete Lizenzausgabe für den Vertrieb in Deutschland:
Bätz, Mack, Witzig, Testa: *Sachbilder zur Bibel,* Verlage Kaufmann/Kösel (nachfolgend SB abgekürzt)

Diese Arbeitsbücher zur Bibel bieten Sachzeichnungen zu den biblischen Realien und Kartenmaterial. Die Sachzeichnungen sind vereinfachte Darstellungen. Auch wenig Geübte können brauchbare Nachzeichnungen anfertigen für Arbeitsblätter, Folien oder Tafelanschrieb. Sämtliche Zeichnungen sind kommentiert, so daß man sich über den Sachzusammenhang schnell informieren kann.

Sehr gute sachgerechte Illustrationen bietet die Elementarbibel 5, Geschichten von Priestern und Propheten, ausgewählt und in einfache Sprache gefaßt von Anneliese Pokrandt, gestaltet und illustriert von Reinhard Herrmann. Verlage Kaufmann/Kösel

**Die Begegnung** s. Seite 12

- Skizze des Reiches Israel an Wandtafel und ins Heft (ZBG Seite 27; SB Seite 2, Abbildung 3, wobei zusätzlich noch Bethel, Sichem, Samaria, Thirza, Jesreel, Damaskus, Sidon und Tyrus einzutragen sind).
- Zeichnen der Hauptpersonen der Geschichte. In Kindergottesdienstgruppen kann der Lehrer einfache Figuren der Personen zeichnen und sie vor jeder neuen Erzählung verwenden.
- Gespräch über die Rechabiten. Zusammenfassen ihrer fünf Grundsätze (Hefteintrag). Vergleich mit Menschen, die heute ein Gelübde ablegen (Klostergemeinschaften, Abstinenten). Grund, Zweck und Wirkung solcher Lebenshaltungen diskutieren. Man kann auch einen Vertreter einer solchen Gruppe durch Schüler interviewen lassen.
- Arbeitsblatt mit sieben Skizzen: Krieger, Mantel, Zelt, Streitwagen, drei Kronen mit Inschriften (Juda, Israel, Damaskus). Legenden: Welche Namen gehören zu welchen Gegenständen? Simri, Omri, Ahab, Baesa, Ela, Asa, Benhadad, Jonadab, Habazinja, Elia.

**Samaria** s. Seite 20

- Zeichnung Samaria (ZBG Seite 27; SB Seite 12, Abbildung 52). Zu beachten ist, daß man sich zwischen den beiden Stadtmauern ein dichtes Häusermeer vorstellen muß.
- Areal der Akropolis von Samaria (in einem Park oder rund um einen Häuserblock) abschreiten. Fläche mit heutiger Stadt vergleichen.
- Personen und Ortschaften, die in dieser und der letzten Geschichte vorgekommen sind, repetieren (Simri, Omri, Ahab, Obadja, Jonadab, Habazinja, Semer, Rama, Thirza, Bethel, Jerusalem, Samaria, Jesreel, Tyrus, Sidon). Repetitionen gewinnen an Spannung, wenn die Klasse in zwei Gruppen geteilt und jede Gruppe abwechslungsweise gefragt wird.
- Bei der Szene, in der Omri die politische und wirtschaftliche Lage erklärt und mit einer Kreide die entsprechenden Länder auf den Tisch zeichnet, ist es empfehlenswert, wenn der Erzähler gleichzeitig die Karte an die Wandtafel skizziert.

– Kreuzworträtsel:

↓

| | | | | | | | | |
|---|---|---|---|---|---|---|---|---|
| 1 | K | R | O | N | E | | | |
| 2 | E | L | I | A | | | | |
| 3 | I | S | E | B | E | L | | |
| 4 | N | O | M | A | D | E | N | |
| 5 | G | O | L | D | | | | |
| 6 | O | M | R | I | | | | |
| 7 | T | H | I | R | Z | A | | |
| 8 | T | O | R | | | | | |
| 9 | E | S | E | L | | | | |
| 10 | S | E | M | E | R | | | |
| 11 | B | R | A | N | D | | | |
| 12 | I | S | R | A | E | L | | |
| 13 | L | I | B | A | N | O | N | |
| 14 | D | A | M | A | S | K | U | S |

1. Trägt der König
2. Trug ein Fellkleid und einen Mantel
3. Prinzessin, die Ahab heiraten wird
4. Umherziehende Menschen, die in Zelten wohnen
5. Damit bezahlte man früher
6. Vater Ahabs
7. Frühere Hauptstadt Israels
8. Durchgang in eine Stadt
9. Last- und Reittier
10. Verkaufte Samaria
11. Wütete in der alten Hauptstadt Israels
12. Ein Staat
13. Ein Berg, auf dem es prächtige Zedernwälder gab
14. Dort regierte König Benhadad

Die in Pfeilrichtung gelesenen Wörter sind die Kurzfassung eines der zehn Gebote.

**Isebel** s. Seite 28

– Isebel zeichnen
– Szene aus der Geschichte zeichnen
– Zeichnungen Baal, Aschera, Götterfigürchen (ZBG Seiten 28, 33; SB Seite 25, Abbildungen 133, 136)
– Gespräch über das Schminken. Vielleicht probieren Schülerinnen, sich wie Isebel zu schminken.

**Baal** s. Seite 34

– Hefteintrag: Stammbaum der Omriden
– Elia zeichnen
– Darstellen einer Hauptperson aus den bisherigen Geschichten.
Der Lehrer hat Zettel mit den darzustellenden Personen vorbereitet. Die Zettel werden an einzelne Schüler verteilt, die ihre Rolle pantomimisch spielen. Die Klasse muß die Person und die Szene erraten.
– Bestimmen von Namen (Arbeitsblatt oder mündlich). Zum Beispiel: Thirza. Antwort: Erste Hauptstadt Israels. Bis jetzt sind u. a. vorgekommen: Asa, Baesa, Ela, Simri, Omri, Ahab, Ahasja, Joram, Athalja, Benhadad, Elia, Rechab, Jonadab, Habazinja, Semer, Ethbaal, Isebel, Obadja, Rama, Syrien, Damaskus, Jerusalem, Juda, Thirza, Samaria, Jesreel, Sidon, Tyrus.
– Gespräch über Bestattungsbräuche einst und jetzt. Was geschieht heute, wenn ein Mensch stirbt? (Zeichnungen in ZBG Seite 56; SB Seite 15, Abbildungen 65–69.)

**Die Dürre** s. Seite 40

– Zeichnung »Jahreslauf und Fruchtbarkeit« (in: Neidhart/Eggenberger, Erzählbuch zur Bibel, Kaufmann/Benziger, Seite 131.)
– Gespräch über die Hungersnot. Sie galt als Zeichen Gottes und als Strafe für die Sünde eines Volkes oder seiner Vertreter. Hungersnöte bedeuten jedoch keinesfalls immer, daß die hungernden Menschen vor Gott schuldig sind. Indessen kann Hunger die Folge von Verschwendung, Ungerechtigkeit, Nachlässigkeit, falscher Technologie usw. sein. Es gibt auch eine geistige und seelische Hungersnot. Inwiefern ist sie die Folge modernen Götzendienstes?

**Der Widerstand** s. Seite 45

– Psalm 46,2–4 ins Heft schreiben (mit einem besonders schönen Anfangsbuch-

staben, der mit einer Zeichnung aus der Geschichte verbunden werden kann).
- Psalm auswendig lernen. Anschrift an Wandtafel, dann einzelne Wörter und Teile sukzessive auswischen.
- Zeichnung Berg Karmel (ZBG Seite 28).

**Elia und Ahab** s. Seite 50

- Zeichnung einer Szene aus der Geschichte.
- Gespräch oder Spiel über die mögliche Fortsetzung der Geschichte: Ahab erzählt Isebel von seiner Begegnung. Was sagt Isebel? Was für Maßnahmen trifft Ahab, um das Volk aufzubieten? Können wohl alle Israeliten auf den Karmel kommen? Wer kommt, wer nicht?
- Rätsel:
  Folgende acht Namen sind – vertikal und horizontal, auch rückwärts und von unten nach oben geschrieben – im Buchstabenquadrat versteckt:

| | | | | 4 | | | | | 6 | | |
|---|---|---|---|---|---|---|---|---|---|---|---|
| | W | E | R | A | N | E | R | Y | V | O | |
| 1 | M | L | X | S | A | M | A | R | I | A | |
| | K | E | R | C | L | A | U | B | Z | I | |
| | I | E | T | H | E | R | V | P | U | M | |
| | U | R | T | E | I | L | E | N | F | T | |
| | A | S | U | R | Y | T | K | J | L | O | 2 |
| 5 | B | E | K | A | R | M | E | L | U | N | |
| | R | J | U | L | I | W | O | R | C | Y | |
| 7 | B | H | O | E | H | L | E | N | H | U | |
| 8 | P | F | E | R | D | H | E | I | T | R | |
| | | 3 | | | | | | | | | |

1. Hauptstadt Israels
2. Heimat Isebels
3. dort stand Ahabs Winterpalast
4. Name einer Göttin
5. Berg, auf den die Israeliten kommen sollen
6. Gott ist unsere... und Stärke
7. Verstecke für Prophetenjünger
8. Reittier

**Die Entscheidung** s. Seite 55

- Pantomimische Darstellung einer Szene aus der Erzählung.
- Zeichnung einer Szene aus der Erzählung.
- Arbeitsblatt mit einem Bericht über die Ereignisse auf dem Karmel, der voller Fehler ist. Schüler korrigieren den Bericht.

**Naboths Weinberg** s. Seite 62

- Zeichnung Weinberg (ZBG Seite 33; SB Seite 19, Abbildungen 90 und 91)
- Gespräch über das Bodenrecht in Israel.
- Gespräch (oder Kurzaufsatz) zum Thema: Was tut Isebel, damit Ahab den Weinberg bekommt?
- Darstellung eines Randgeschehens: Naboth erzählt seiner Familie von der Begegnung mit Ahab. Wie reagieren seine Frau, seine Söhne, Töchter und Großkinder?
- Gespräch über das 10. Gebot »Du sollst nicht begehren«.

**Naboths Ermordung** s. Seite 67

- Zeichnung: Siegel (SB Seite 20, Abbildung 104)
- Gespräch über Fasten. Gibt es noch heute Menschen, die fasten? Warum tun sie es?
- Gespräch über Despotie. Sünde als Zustand, in dem ein Mensch der Herr über alles ist. Recht ist nur noch, was ihm nützt. Beispiele aus der Gegenwart und aus meiner Existenz: »Wo ist die Isebel in mir?«
- Silbenrätsel:
  1. Besitzer eines Weinbergs
  2. Damit verschloß man Briefe
  3. Traten vor Gericht auf
  4. Wollte Ahab aus dem Weinberg machen
  5. Dort wurde Gericht gehalten
  6. Wurde in Jesreel ausgerufen
  7. Schreibmaterial

  Silben: both – Fa – gar – Ge – gel – gen – mü – Na – Pa – pyr – se – Sie – Stadt – sten – ten – tor – us – Zeu

**Elisa und Jehu** s. Seite 74

- Information und Gespräch über Menschen, die ihre gewohnte Umgebung verlassen, um einer Berufung zu folgen (z. B. Franziskus, Albert Schweitzer – siehe: »Aus meinem Leben und Denken«, 9. Kapitel! –, Mutter Teresa). Gibt es eine Garantie dafür, daß eine solche Berufung von Gott kommt?
- Gespräch über Entrückung
- Zeichnung Ochsenjoch (SB Seite 18, Abbildung 80)
- Einfache Kartenskizze als Hefteintrag mit den wichtigsten Ortschaften und den entsprechenden Ereignissen:

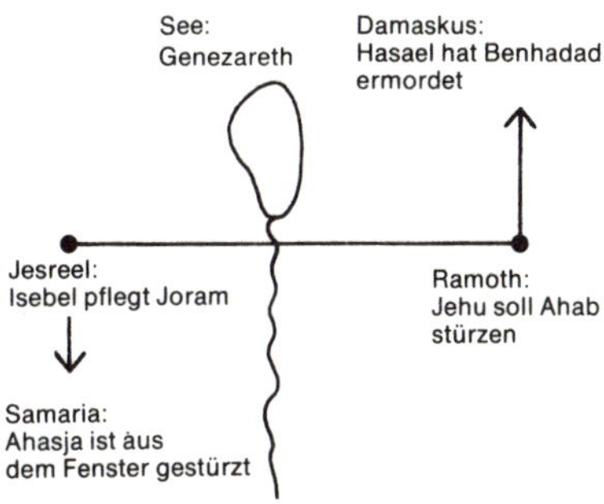


**Isebels Ende** s. Seite 82

- Liste der wichtigsten Könige von Juda und Israel bis Jehu (nach Vorlage ZBG Seite 26).
- Zeichnung Elfenbeintäfelchen aus dem Palast in Samaria (ZBG Seite 28; SB Seite 20, Abbildung 96).
- Darstellen wichtiger Szenen aus den bisherigen Geschichten. Der Lehrer hat Zettel mit den zu spielenden Szenen vorbereitet. Die Zettel werden an Schüler verteilt, die ihre Rolle pantomimisch spielen. Die Klasse muß die Szenen erraten. (Beispiele: Omri kauft Samaria, Elia begegnet Ahab, Das Opfer auf dem Karmel, Ahab will Naboth den Weinberg abkaufen, Isebel diktiert den Brief an die Ältesten, Elia beruft Elisa, Jehu und Isebel.)

**Das Unrecht** s. Seite 90

- Zeichnung Haus an der Ringmauer (ZBG Seite 40, SB Seite 11, Abbildung 43)
- Zeichnung Scheffel (ZBG Seite 47)
- Zeichnung Handmühle (ZBG Seite 9, SB Seite 18, Abbildung 86)
- Zeichnung Schreibmaterial und Schrift (ZBG Seite 33, SB Seite 24, Abbildungen 128–131)

**Amos** s. Seite 96

- Zeichnung Wanderheuschrecke (ZBG Seite 11, SB Seite 9, Abbildung 32)
- Gespräch über Visionen und Auditionen.
- Information über die Entstehung des Amos-Buches.
- Zeichnung Schriftrolle (ZBG Seite 37, SB Seite 24, Abbildungen 124–126)

**Amos in Samaria** s. Seite 102

- Demonstrieren eines Senkbleis.
- Zeichnen einer Szene.
- Darstellung eines Randgeschehens: Schüler in Gruppen aufteilen. Die Gruppen sind Bewohner von Samaria: Einwohner der inneren Stadt, Einwohner der Ringstraße, Bewohner der Hütten und Zelte. Die Gruppen diskutieren untereinander die Rede des Amos.

**Bethel** s. Seite 107

- Information über Opfer mit Hefteintrag.
- Zeichnung Brandopferaltar (SB Seite 25, Abbildung 132)

- Zeichnung Tempel (ZBG Seite 64, SB Seite 14, Abbildungen 59 und 60)
- Personalien des Amos ins Heft schreiben.
- Amos zeichnen.

**Jesaja** s. Seite 116

- Zeichnung Tempel (ZBG Seite 25, SB Seite 27, Abbildungen 146 und 147)
- Information und Gespräch über »rein und unrein«. Wasser und Feuer als reinigende Elemente (Weihwasser, rituelle Waschungen bei den Juden – siehe Bella Chagall, »Brennende Lichter«, rororo 1223, S. 21 ff. –, Taufe).
- Liste der Könige von Juda und Israel vervollständigen.
- Bedeutung unserer Vornamen

**Das Weinberglied** s. Seite 123

- Gespräch über den Zusammenhang von Ungerechtigkeit und Gericht Gottes.
- Vertiefen der Erkenntnis, daß man ein Volk, eine Nation gleichnishaft darstellen kann (heute meist personifiziert in Onkel Sam, Wilhelm Tell, John Bull usw). Gäbe es noch andere Symbole?
- Schüler bringen auf Kassette einen modernen Song mit, in dem eine Botschaft ausgerichtet wird. Schüler übersetzen und kommentieren das Lied.
- Zeichnung Frauenschmuck (ZBG Seite 33, SB Seite 20, Abbildungen 101–103)

**Raubebald-Eilebeute** s. Seite 129

- Information über Wasserversorgung (ZBG Seite 7, SB Seite 17, Abbildungen 74–77).
- Information über Wasserversorgung am eigenen Ort (evtl. durch Fachmann)
- Gespräch über Glaube/Vertrauen. Ohne Vertrauen gibt es kein Leben und keine Hoffnung. Erfahrungen im täglichen Leben. Wer vertraut, hat Mut und Zuversicht.

**Samarias Fall** s. Seite 135

- Karte Vorderer Orient (ZBG Seiten 5 und 29, SB Seite 3, Abbildung 6 und Seite 5, Abbildung 18)
- Zeichnung: Assyrischer Soldat (ZBG Seite 28, SB Seite 23, Abbildung 118)
- Silbenrätsel:
  1. diese Tiere sah Amos in einer Vision
  2. an diesem Heiligtum predigte Amos
  3. So hieß ein Sohn des Jesaja
  4. Name des Schreibers des Königs Ahas
  5. Damit verglich Jesaja in einem Lied Israel
  6. So hieß der letzte König von Israel
  7. Dieser assyrische König belagerte Samaria drei Jahre lang
  8. Damit versuchten die Assyrer, das Stadttor zu rammen

  Silben: berg – Beth – der – el – Heu – Ho – kehr – ken – ma – na – nas – Rest – – Sal – sar – schrek – sea – Seb – Sturm – um – Wein – wid

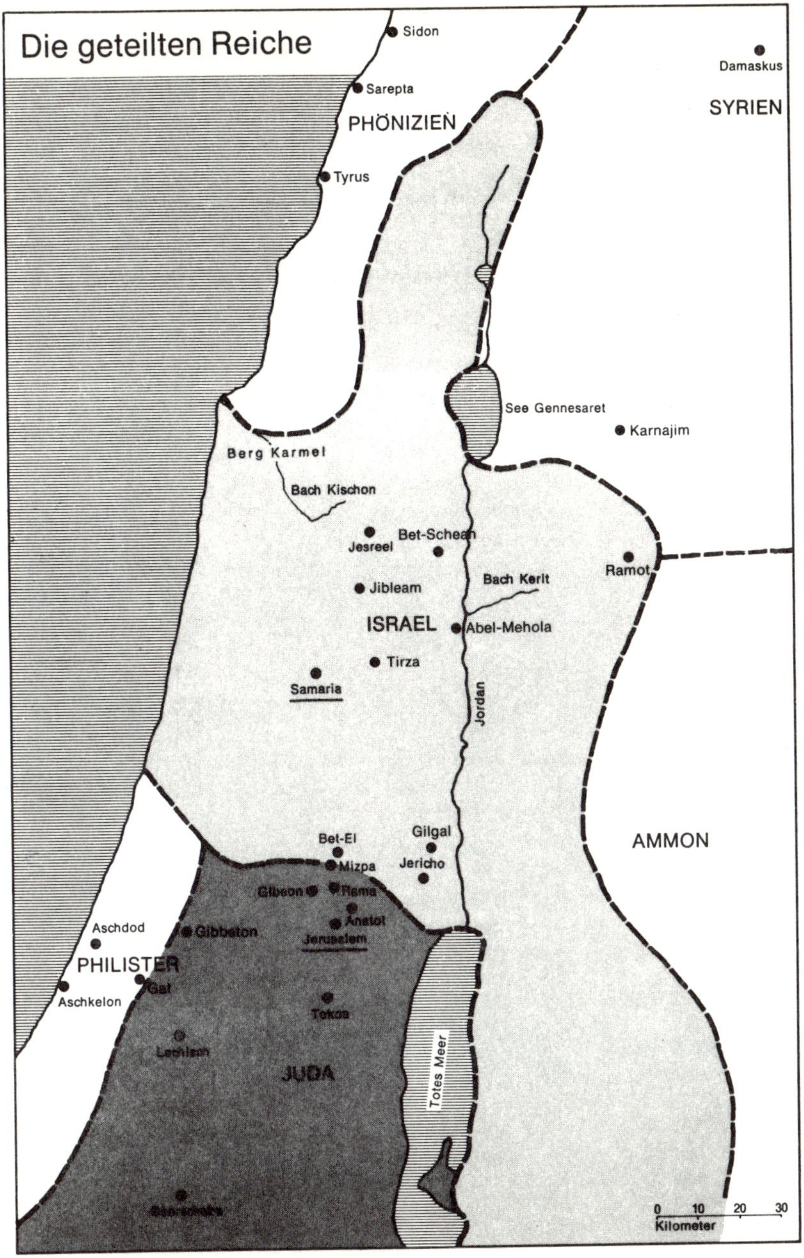

Die geteilten Reiche
Sidon
Damaskus
Sarepta
PHÖNIZIEN
SYRIEN
Tyrus
See Gennesaret
Karnajim
Berg Karmel
Bach Kischon
Jesreel
Bet-Schean
Ramot
Jibleam
Bach Kerit
ISRAEL
Abel-Mehola
Tirza
Samaria
Jordan
Bet-El
Gilgal
Mizpa
Jericho
AMMON
Gibeon
Rama
Anatot
Jerusalem
Aschdod
Gibbeton
PHILISTER
Gat
Aschkelon
Tekoa
Lachisch
JUDA
Totes Meer
0 10 20 30
Kilometer

# Geschichtlicher Überblick

| | | | | |
|---|---|---|---|---|
| | zirka | | zirka | |
| Auszug aus Ägypten, Landnahme<br>MOSE, JOSUA | 1250–<br>1190 | 2.–5. Mose<br>Josua | | |
|  | | Richter | 1190–<br>1050 | RICHTERZEIT  |
| SAMUEL | 1050 | 1. Sam. 1–8 | | |
| | | 1. Sam. 9–31 | 1020 | SAUL 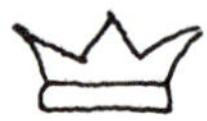 |
| DAVID | 1000–<br>970 | 1. Sam. 16–<br>1. Kön. 2 | | |
| 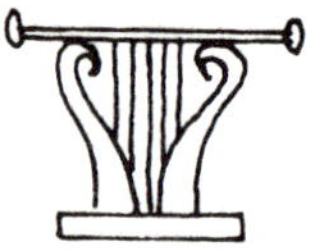 | | 1. Kön. 1–11 | 970–<br>930 | SALOMO  |
| | | 1. Kön. 12 | | REICHSTRENNUNG |
| JUDA<br>(Jerusalem) | | | | ISRAEL<br>(Thirza, Samaria) |

| | | | | | | | |
|---|---|---|---|---|---|---|---|
| | Rehabeam | 930–916 | | 1. Kön. 14 | | 930–911 | Jerobeam |
| 920 | Abia | 916–914 | 1. Kön. 15 | Assurs Macht wächst | | | |
| | Asa | 914–874 | | | | | |
| 910 | | | | Benhadad v. Damaskus | | 911–910 | Nadab |
| | | | | | | 910–887 | Baesa |
| 900 | | | | | | | |
| 890 | | | | | | | |
| | | | | | 1. Kön. 16 | 887–886 | Ela |
| | | | | | | 886 | Simri |
| 880 | | | | Omri kauft Samaria u. verbindet sich mit Ethbaal v. Tyrus | | 886–875 | Omri |
| 870 | Josaphat | 874–850 | 1. Kön. 22 | | | 875–854 | Ahab |
| | | | | Elia auf dem Karmel | 1. Kön. 18 | | |

| | JUDA | | | | ISRAEL |
|---|---|---|---|---|---|
| 860 | | | Ermordung Naboths | 1. Kön. 21 | |
| | | | 854 Schlacht v. Karkar gg. Salmanassar III. | 2. Kön. 1 | 854–853 Ahasja |
| 850 | Joram 850–843 | 2. Kön. 8 | Hasael v. Damaskus<br>Joram erobert Ramoth zurück | 2. Kön. 8 | 853–842 Joram |
| | Ahasja 843–842 | | | | |
| 840 | Athalja 842–837 | 2. Kön. 11 | | 2. Kön. 9 | 842–815 Jehu |
| | Joas 837–797 | 2. Kön. 12 | | | |
| 830 | | | | | |
| 820 | | | | | |
| | | | | 2. Kön. 13 | 815–799 Joahas |
| 810 | | | | | |
| 800 | | | | | 799–784 Joas |
| | Amazja 797–769 | 2. Kön. 14 | | | |
| 790 | | | | | |
| | | | Jerobeam erobert Gebiete im Ostjordanland | 2. Kön. 14 | 784–753 Jerobeam II. |
| 780 | | | | | |
| 770 | | | Amazja, Priester in Bethel | | |
| | Usia 769–741 | 2. Kön. 15 | | | |
| 760 | | | Amos | | |
| | | | | | 753–752 Sacharja<br>752–751 Sallum<br>751–742 Menahem |
| 750 | | | 745 Tiglath-Pileser Großkönig ü. Assur | | |
| | Jotham 741–734 | | | | 742–741 Pekahja |
| | | | Jesaja | | 741–730 Pekah |
| 740 | | | | | |
| | Ahas 734–715 | 2. Kön. 16 | 733 syrisch-ephraimitischer Krieg | 2. Kön. 17 | 730–722 Hosea |
| 730 | | | 727 Salmanassar V., Großkönig ü. Assur | | |
| 720 | Hiskia 716–698 | ↓ | 722 Fall Samarias | | |

# Verzeichnis der Namen und Ortschaften

(Sofern die Schreibweise in diesem Buch von derjenigen der »Loccumer Richtlinien« abweicht, ist diese hinter den Namen in Klammern beigefügt.)

**Abel-Mehola**
Ort in der Jordanebene, Heimat Elisas

**Abia** (Abija)
König von Juda 916–914

**Ahab**
König von Israel 875–854, Sohn Omris, Gatte Isebels

**Ahas**
König von Juda 734–715

**Ahasja**
Name zweier Könige
(Ahasja von Israel 854–853; Ahasja von Juda 843–842)

**Amazja**
König von Juda 797–769

**Amos**
Prophet aus Thekoa

**Asa**
König von Juda 914–874

**Aschera**
Kanaanäische Göttin

**Asdod** (Aschdod)
Philisterstadt

**Athalja** (Atalja)
Tochter Ahabs und Isebels, Königin von Juda 842–837

**Baal**
Kanaanäischer Gott

**Baesa** (Bascha)
König von Israel 910–887

**Basan** (Baschan)
Gebiet im Ostjordanland

**Benhadad**
König von Damaskus

**Bethel** (Bet-El)
Ort in Israel

**Bethsean** (Bet-Schean)
Ort in Israel

**Bidekar**
Jehus Adjutant

**Ela**
König von Israel 887–886

**Elia** (Elija)
Prophet aus Thisbe

**Elisa** (Elischa)
Prophet aus Abel-Mehola

**Eljakim**
hoher Beamter unter Usia

**Ethbaal** (Etbaal)
König von Tyrus, Vater der Isebel

**Euphrat** (Eufrat)
Fluß in Mesopotamien

**Gath** (Gat)
Philisterstadt

**Gibbethon** (Gibbeton)
Ort in Juda

**Gilgal**
Ort mit Heiligtum in Israel

**Habazinja** (Habbazzinja)
Sohn Jonadabs

**Hamath** (Hamat)
Ort in Aram

**Hasael** (Hasaël)
König von Damaskus

**Hethiter** (Hetiter)
Volk im Vorderen Orient

**Hosea** (Hoschea)
König von Israel 730–722

**Isebel**
Tochter Ethbaals, Gattin Ahabs

**Jahwe**
Name Gottes im Alten Testament

**Jehu**
Offizier, König von Israel 842–815

**Jerobeam**
Name zweier Könige von Israel (Jerobeam I. 932–911; Jerobeam II. 784–753)

**Jesaja**
Prophet in Jerusalem

**Jesreel** (Jesreël)
Ort und Landschaft in Israel

**Joah**
hoher Beamter unter Usia

**Joahas**
König von Israel 815–799

**Joas** (Joasch)
Name zweier Könige (Joas von Juda 837–797; Joas von Israel 799–784)

**Jonadab**
Sohn Rechabs

**Joram**
Name zweier Könige (Joram von Juda 850–843, Gatte der Athalja; Joram von Israel 853–842)

**Josaphat** (Joschafat)
König von Juda 874–850

**Jotham** (Jotam)
König von Juda 741–734

**Kalah** (Kelach)
Ort in Assyrien

**Karchemis** (Karkemisch)
alte Hethiterstadt, von Assur unterworfen

**Karnaim** (Karnajim)
Ort im Ostjordanland

**Krith** (Kerit)
Nebenfluß des Jordans

**Lodebar** Lo-Dabar
Ort im Ostjordanland

**Maher-Schalal-Chasch-Bas**
»Raubebald-Eilebeute«, Sohn Jesajas

**Menahem**
König von Israel 751–742

**Naboth** (Nabot)
Besitzer eines Weinbergs in Jesreel

**Nadab**
König von Israel 911–910

**Obadja**
Hofmeister unter Ahab

**Omri**
hoher Offizier, König von Israel 886–875, Gründer Samarias

**Pekah**
König von Israel 741–730

**Pekahja** (Pekachja)
König von Israel 742–741

**Ramoth** (Ramot)
Ort im Ostjordanland

**Rechab**
Stammvater der »Rechabiten«

**Rehabeam**
König von Juda 932–916, Sohn Salomos

**Rezin**
König von Damaskus

**Sacharja**
König von Israel 753–752

**Sallum**
König von Israel 752–751

**Salmanassar**
Name assyrischer Großkönige

**Saphat** (Safat)
Vater Elias

**Sargon**
assyrischer Großkönig

**Schear-Jaschub**
»Ein Rest kehrt um«, Sohn Jesajas

**Sebna** (Schebna)
Hoher Beamter unter Hiskia

**Semer** (Schemer)
verkaufte Omri den »Berg Samaria«

**Simri**
Oberster über die Hälfte der Streitwagen; König von Israel 886

**Thekoa** (Tekoa)
Ort in Juda, Heimat des Propheten Amos

**Thibni** (Tibni)
Gegenkönig Omris

**Thirza** (Tirza)
Hauptstadt Israels

**Thisbe** (Tischbe)
Ort im Ostjordanland, Heimat des Propheten Elia

**Tiglath-Pileser** (Tiglat-Pileser)
assyrischer Großkönig

**Tyrus**
Ort in Phönizien, Heimat der Isebel

**Usia**
König von Juda 769–741